广东外语外贸大学广州开放经济研究中心资助出版
2023年度江门市社会科学规划课题成果

周骏宇　张昱　等／著

广州外贸新业态的发展

The Development of New Forms and Models of Foreign Trade in Guangzhou

中国财经出版传媒集团
经济科学出版社
Economic Science Press
·北京·

图书在版编目（CIP）数据

广州外贸新业态的发展／周骏宇等著．－－北京：
经济科学出版社，2025.1. －－ ISBN 978－7－5218－6650－6

Ⅰ．F752.865.1

中国国家版本馆 CIP 数据核字第 20251485F4 号

责任编辑：杜　鹏　武献杰　常家凤
责任校对：李　建
责任印制：邱　天

广州外贸新业态的发展
GUANGZHOU WAIMAO XINYETAI DE FAZHAN

周骏宇　张昱　等/著
经济科学出版社出版、发行　新华书店经销
社址：北京市海淀区阜成路甲 28 号　邮编：100142
编辑部电话：010-88191441　发行部电话：010-88191522
网址：www.esp.com.cn
电子邮箱：esp_bj@163.com
天猫网店：经济科学出版社旗舰店
网址：http://jjkxcbs.tmall.com
固安华明印业有限公司印装
710×1000　16 开　9 印张　160000 字
2025 年 1 月第 1 版　2025 年 1 月第 1 次印刷
ISBN 978－7－5218－6650－6　定价：69.00 元
（图书出现印装问题，本社负责调换。电话：010-88191545）
（版权所有　侵权必究　打击盗版　举报热线：010-88191661
QQ：2242791300　营销中心电话：010-88191537
电子邮箱：dbts@esp.com.cn）

前　言

习近平总书记在参加十三届全国人大一次会议广东代表团审议时强调，"要以更宽广的视野、更高的目标要求、更有力的举措推动全面开放，加快发展更高层次的开放型经济，加快培育贸易新业态新模式"。

广州外贸在广东省乃至全国都有着举足轻重的地位。广州是外贸新业态领域的开拓者、领先者、示范者。2023年广州外贸综合服务企业数居全国第一、跨境电商进口额居全国第一、市场采购贸易出口额居全国第二、平行进口额居全国第二。对广州外贸新业态的发展进行梳理总结，对于全国外贸新业态的发展具有重要的借鉴意义。

本书内容覆盖所有广州已开展业务的外贸新业态，包括跨境电商、市场采购贸易、外贸综合服务、数字服务贸易、离岸贸易、中欧班列、平行进口、保税物流、保税维修、邮轮旅游等。对于每种业态，都会进行概念厘清、历程梳理、现状分析、政策汇编，也会与兄弟城市进行对比分析，还会提出推动发展的政策建议，全景式、系统化地展示广州及全国外贸新业态的最新发展状况。

本书具有四个特点：一是学术性，这是国内第一部外贸新业态专著，为学界开展外贸新业态研究提供了广州样本，填补了有关空白；二是新颖性，梳理了多种最新的新业态新模式；三是应用性，对于广州及兄弟城市发展外贸新业态具有重要价值；四是生动性，书中列出了一系列专栏、案例。

本书的出版得到广东外语外贸大学广州开放经济研究中心的资助和帮助，在此一并致谢。

本书是团队合作的结果，周骏宇教授、张昱教授参与了所有章节的撰写。除此之外，参编情况如下：程熙文（广东外语外贸大学，第四章、第六章）、许镇赐（广东外语外贸大学，第三章、第九章）、汪姚君（广东外语外贸大学，第二章、第七章）、周明（湖北联诺建设有限公司，第一章、第五章）、叶樵哥（三峡大学，第八章）。

由于学识有限，书中肯定还存在着这样和那样的缺陷，请读者们多多指正。

作者

2024 年 9 月

目　录

第一章 总论

在中美贸易摩擦、经济下行压力加大等背景下，跨境电商、市场采购贸易等外贸新业态新模式已成为外贸发展的新动能、高质量发展的新渠道和赢得外贸代际优势的新抓手，开展外贸业态研究具有重要的理论意义和实践价值。

第一节 外贸新业态的形式和内涵

一、外贸新业态的形式

1. 跨境电商。跨境电商指分属不同关境的交易主体通过电子商务平台达成交易、进行支付结算，并通过跨境物流送达商品、完成交易的一种国际商业活动。我国跨境电子商务主要分为企业对企业（B2B）和企业对消费者（B2C）的贸易模式。

跨境电商通过外贸 B2B、B2C 平台能够实现境内外企业之间、企业和市场之间的直接联系，买卖双方直接产生交易，省掉了多道中间环节，缩短了交易时间，降低了交易成本。

跨境电商大大扩大了消费对象，其销售的灵活性、适应性、针对性是传统外贸批量采购/供应所无法比拟的。同时，基于其交易的直接性和批量小的特征，跨境电商的交易频率大大高于传统外贸行业，是一种高频交易业态。

2. 市场采购贸易。市场采购贸易方式是指由符合条件的经营者在经国家商务主管部门认定的市场集聚区内采购的、单票报关单商品货值15万（含

15 万）美元以下并在采购地办理出口商品通关手续的贸易方式。

在传统的流通市场，商户大多不具备外贸经营主体的资格，须由外贸公司代理出口，导致采购主体与贸易主体脱节。而且，采购也多为小批量、多品种，如果每种品类都申报和报检，将带来巨大的成本。为了解决这些问题，市场采购贸易应运而生。

与一般贸易方式相比，市场采购贸易有如下优点：其一，为中小企业提供共享式的商贸流通和对外贸易平台，降低了外贸风险，激发了企业活力；其二，市场采购贸易方式下，出口商品可在市场所在地办理出口电子通关，降低了物流成本；其三，市场贸易采购方式具有的贸易规范化、贸易主体本地化等特征，有利于建立质量溯源体系，突破了小商品出口瓶颈。

3. 外贸综合服务。外贸综合服务是指基于互联网平台，以整合通关、收汇、退税、物流、仓储、融资、保险、市场推广等国际贸易供应链各环节服务为基础，为众多的中小企业提供标准化、高效透明的外贸综合服务以及降低综合外贸成本的新型贸易业态。

外贸综合服务企业的出现使中小企业可以在通关、退税等方面享受到专业大企业的服务，降低了运营成本。同时，外贸综合服务企业帮助一些无力出口的企业开拓国际市场、扩大了外贸主体。此外，借助外贸综合服务，企业可以以较低资金成本出口，能缓解融资压力。

4. 离岸贸易。离岸贸易是指贸易的买方和卖方都是在境外且不进入本地海关的贸易方式，起源于 19 世纪末的日本综合商社海外经营活动，兴起于最近 20 多年来跨国公司的发展以及信息网络技术的广泛应用。离岸贸易主要从转口贸易发展而来，与转口贸易的区别是不在本地清关，实现了货物流、资金流和信息流的分离，实质上是一种中间商贸易。

离岸贸易可以分为转手商贸活动和与离岸交易有关的商品服务，其区别在于转手商贸活动中货物的所有权经过中间商，中间商赚取商品差价；而与离岸交易有关的商品服务中间商只是做了代理，撮合买卖双方实现交易，从中赚取佣金。从运输方式来看可以分为转运贸易和直接运付，其区别在于货物是否经过中间商所在的国家或者地区（均不在中间商所在地清关）。

5. 平行进口。平行进口是指未经品牌厂商授权，贸易商将品牌商品从海外市场引入国内市场进行销售的行为。平行进口，是与传统的渠道——海外品牌在华总代理商及各级分销商——相平行的进口渠道。

平行进口产品由于省却了代理商利润，价格有一定的优势。此外，平行进口产品一般为全海外生产，款型、配置会比国内市场更丰富一些，缺点则在于无法享受正常的售后服务。

以平行进口汽车为例，其采用出口国（一般是发达国家）的质量检验标准，有一些属于国内没有上市的车型，价格比国内 4S 店要低一些。

6. 数字服务贸易。在线教育、在线政务、网络支付、网络视频、网络购物、即时通信、网络音乐、搜索引擎等应用的用户规模增长迅速，催生了数字服务贸易新业态。

数字贸易是新一轮技术革命和产业革命的产物。2020 年，OECD、WTO 和 IMF 共同发布的《数字贸易测度手册（第 1 版）》指出，"数字贸易是指所有以数字方式订购和以数字方式交付的国际交易"。狭义上，数字贸易指通过数字化方式交付的服务贸易，其交易标的以无形的服务、信息、数据为主，即数字服务贸易。

二、发展外贸新业态的重要意义

1. 契合国家发展新战略。习近平主席在第三届中国国际进口博览会上宣布："中国将推动跨境电商等新业态新模式加快发展，培育外贸新动能。"[1] 2023 年 12 月的中央经济工作会议强调"发展新质生产力"，[2] 而外贸新业态是新质生产力在贸易领域的体现。

2021 年，国务院办公厅等出台《关于加快发展外贸新业态新模式的意见》等多项政策文件，着力推动外贸新业态发展。

2. 提供增长新动能。近年来，受世界经济增长放缓、需求收缩影响，中国经济增速下滑、对外贸易量值也出现明显波动，但外贸新业态、新模式保持了快速稳定增长的势头，为经济平稳持续发展提供了新的动能。例如，2023 年，广东进出口额 8.304 万亿元人民币，同比仅增长 0.3%，其中，进

---

① 习近平. 在第三届中国国际进口博览会开幕式上的主旨演讲 [J]. 中华人民共和国国务院公报，2020（31）：8-10.
② 详解 2023 年中央经济工作会议精神 [N]. 人民日报，2023-12-18（004）.

口 2.87 万亿元，下降 3.6%。与此形成鲜明对比的是，同期广东省跨境电商进出口增幅达 30.67%。[①]

3. 引领外贸高质量发展。外贸新业态以新模式凝聚新优势，以新动力推动新增长——意味着更少投入、更多产出，更高效率、更多便利——完美吻合凸显高质量发展的内涵特征。

当前，我国对市场采购贸易出口物资实行全程无纸化管理。企业人员通过"单一窗口"，足不出户，可 24 小时免费申报。通过该方式，采购贸易出口报关已进入读秒时代，每批出口至少为企业节省 1/3 的时间。

截至 2023 年底，我国全国有 100 多万家中小外贸企业，其中，很多由于经验不足而面临通关慢、退税烦等难题。而外贸综合服务将外贸出口的关检汇税等所有流程标准化、线上化，一条路打通，让企业大幅降低了综合运营成本。

4. 赢得代际新优势。相对于传统业态，外贸新业态在多个层面发生了全面的、重大的、根本性的变化，具有类似 5G 业态领先 3G 业态的代差性优势。发展外贸新业态就是抢占未来外贸战略制高点，谋求代际新优势。

5. 带来多重新机遇。主要体现在：一是企业新机遇。对于以往业务开拓能力较弱的中小企业来说，可以借助新型业态以较低成本开拓新的业务。二是市场新机遇。在信息技术的支持下，贸易可以延伸至网络和物流可及的任何市场区域。三是人才新机遇。新业态以网络形式组织各类资源，使得远距离服务成为可能，使企业可以在更大范围内选择使用人才，极大地扩大了人才服务半径。四是商品新机遇。一些曾经遥不可及的产品如今已借助新业态便捷地走进了中国的寻常百姓家，足不出户"买全球、卖全球"已成为现实。

第二节　我国外贸新业态的发展现状

一、跨境电商

当前，我国跨境电商的发展势头正猛，5 年内规模增长近 10 倍。2022 年

---

① 肖文舸，等.2023 年广东继续稳居外贸第一大省［N］. 南方日报，2024－01－17（A01）.

我国跨境电商进出口额达 2.1 万亿元，同比增长 9.8%。2023 年前三季度，跨境电商进出口额达到 1.7 万亿元，同比增长 14.4%。当前，跨境电商主体已超 10 万家。截至 2022 年，我国海外仓超过 2 400 个，面积超过 2 500 万平方米。①

从分省情况来看，跨境电商最强的省份为广东省和浙江省。如表 1.1 所示，2023 年广东省跨境电商进出口总额达 8 433.4 亿元，同比增长 25.2%，总量位居全国第一。2022 年浙江跨境电商进出口额 4 222.8 亿元。②

表 1.1　2020～2023 年全国跨境电商进出口总值　　单位：亿元

年份	全国	广东	浙江
2020	16 900.0	1 726.5	1 387.1
2021	19 237.0	3 310.0	3 302.9
2022	21 122.0	6 454.0	4 222.8
2023	23 800.0	8 433.4	—

资料来源：闫彩霞. 广东省跨境电商对 RCEP 生效的适应性转型探究 [J]. 对外经贸实务，2024，42 (7)：81－86.

从城市来看，如表 1.2 所示，深圳、杭州、广州、郑州、宁波等城市跨境电商规模名列前茅。

表 1.2　2020～2023 年六市跨境电商进出口总值　　单位：亿元

年份	广州	深圳	东莞	郑州	宁波	杭州
2020	472.0	—	380.6	916.4	1 486.8	1 084.2
2021	742.7	600.0	730.0	1 092.5	1 786.1	—
2022	1 375.9	1 900.0	818.6	1 179.0	2 005.6	1 203.0
2023	1 995.0	3 265.3	907.2	1 253.3	2 054.0	1 400.4

资料来源：毛丽敏，秦诗立. 借鉴粤沪经验高质量发展浙江跨境电商的若干建议 [J]. 浙江经济，2024 (9)：72－74.

二、市场采购贸易

市场采购贸易是依托大型专业批发市场促进商品出口的新业态，近年也

① 岳悬. 2023 年我国跨境电商进出口较 2018 年增长 1.2 倍 [N]. 人民邮电，2024－08－02 (007).
② 陈晓，等. 广东跨境电商将会"＋"什么？[N]. 南方日报，2023－08－21 (A02).

获得长足发展。2013 年以来，国家分 6 批共批准 21 个省份的 39 个地方开展市场采购贸易方式试点。2021 年，全国市场采购出口约 9 303.9 亿元，同比增长 32.1%。①

2023 年全国市场主体数为 45.05 万家，浙江有 16.03 万家；2023 年浙江市场采购出口 4 707.3 亿元。两者均居全国第一。②

三、外贸综合服务

外贸综合服务企业试点工作于 2016 年 5 月正式启动。企查查数据显示，2023 年全国有 1.2 万家外综服相关企业，其中，广东省外贸综合服务企业数量为 2 900 余家，占全国的 23%，居全国第一（见表 1.3）。

表 1.3　各省份外综服企业数　　　　　　单位：家

省份	2022 年	2023 年
广东	—	2 900
江苏	598	685
浙江	655	684
山东	523	582
福建	491	529

资料来源：根据企查查数据整理。

四、离岸贸易

离岸贸易是三单分离、带有（贸易）总部经济特征、带动效应很强的一种新业态。香港特别行政区、海南等是我国发展离岸贸易的核心区域。2022 年，海南新型离岸国际贸易涉外收支 184.5 亿美元，同比增长 1.5 倍。③

表 1.4 显示了我国注册离岸贸易相关企业数量前五省份的有关数据。

表 1.4　2023 年前五省份的企业数量及注册资本

省份	离岸贸易相关企业数量（家）	平均注册资本（万元）
海南	5 504	2 949.47

①② 洪剑儒. 市场采购贸易：十年结硕果 扬帆再启程［N］. 国际商报，2024-11-22（002）.
③ 杨晓丽. 海南自贸港离岸贸易发展路径［J］. 中国外资，2024（6）：32-34.

续表

省份	离岸贸易相关企业数量（家）	平均注册资本（万元）
广东	2 676	525.99
山东	1 012	1 773.15
上海	956	824.48
四川	729	1 419.74

资料来源：根据企查查数据整理。

五、数字服务贸易

数字服务贸易是数字经济在贸易领域的体现，是服务贸易的生力军和新动能。近年，我国数字贸易快速发展。联合国贸发会议数据显示，2022 年我国数字交付贸易出口额为 1 948.4 亿美元，同比增长 26.2%；进口额为 1 648.4 亿美元，同比增长 18.1%。

2022 年，数字服务贸易规模最大的 5 个省份分别是：上海、广东、北京、江苏和浙江。其可数字化交付服务贸易额全国占比分别为 26.45%、22.01%、19.50%、8.25% 和 8.11%，成为推动中国数字贸易增长的主阵地。[①]

2022 年，上海数字服务贸易规模为 985.8 亿美元，广东为 820.5 亿美元。[②]

六、平行进口

2017 年我国平行进口的汽车数量为 17.24 万辆；2018 年为 13.97 万辆；2019 年为 16.32 万辆，同比增长 16.82%。SUV 车型为平行进口汽车的主要车型，占比稳定在 80% 以上。2019 年以前，中东版车型进口最多，占比在 50% 以上。

2021 年，平行车全年进口 2.94 万辆，不及 2017 年进口量峰值的 1/5。[③] 其首要原因是"国六"问题尚未解决，企业进口车辆的意愿受限。由于"国六"环保排放标准是全球极为严格的标准，原有平行车市场占比最大的中东车辆基本无法进口，进口量锐减。[④]

[①②] 刘佳. 中美欧三方数字服务贸易国际竞争力比较分析 [J]. 特区经济，2024（9）：95-98.

[③④] 许广健. 平行进口汽车价格指数构建探析 [J]. 汽车工业研究，2022（4）：47-49.

天津港作为全国重要的进口汽车港口，其进口汽车数量占全国进口汽车总量的 60% 以上。2015 年，天津自贸区正式挂牌成立，天津口岸平行进口汽车试点方案获批，促进了天津口岸汽车平行进口贸易的发展。目前，天津港已成为全国平行进口汽车市场份额最大的口岸。

天津口岸平行进口汽车产业积淀多年，已形成平行进口汽车全产业链。天津口岸专门从事批发、销售平行进口汽车的相关企业达 1 000 家以上，现已建成 3 家大型汽车城，聚集了 20 多家汽车展厅，展厅面积达到 20 万平方米以上。来自美国、欧洲、中东等国家和地区的供货商 600 余家，海外采购商 400 余家，全国 220 个城市将近 1 500 家企业从滨海新区取得货源。①

七、保税物流

2023 年前 11 个月，我国以保税物流方式进出口 4.99 万亿元，增长 6.6%。其中，出口 1.98 万亿元，增长 10.3%；进口 3.01 万亿元，增长 4.3%。2022 年，我国保税物流中心进出口额为 1 505.26 亿元人民币，同比增长 23.7%，出口额为 477.89 亿元人民币，同比增长 4.4%，进口额为 1 027.37 亿元人民币，同比增长 35.4%。② 表 1.5 显示了 2023 年各省份保税物流注册企业数据及注册资本。

表1.5　2023 年各省份保税物流注册企业数量及注册资本

省份	保税物流相关企业数量（家）	平均注册资本（万元）
海南	3 164	19 974.39
广东	916	2 340.63
湖北	801	1 064.33
山东	524	19 914.95
湖南	361	1 159.33

资料来源：根据企查查数据整理。

截至 2023 年 6 月，全国共有 84 个现存的保税物流中心。江苏以共计 8 个排名第一，广东以共计 7 个排名第二，第三名浙江共计 6 个。

---

① 战旗，单毅. 滨城发力巩固平行进口汽车产业龙头地位［N］. 滨城时报，2023 - 10 - 26（002）.

② 李枫，陈爽，郑茂林. 保税物流中心热点问答［J］. 中国海关，2024（11）：42 - 43.

八、保税维修

2021 年，全国综合保税区内保税维修业务进出口值 1 856.7 亿元，同比增长 3.8%。2022 年，保税维修进出口总值达到 1 984 亿元。以飞机、大型设备、高端制造产品维修产业为代表的综合保税区保税维修业务成为新的增长点，发展态势良好。①

广东省海关特殊监管区域内保税维修产品主要为电子产品、通信设备、航空航材、飞机发动机等。天津口岸保税区在 2022 年上半年的保税维修进口船值达 7.8 亿元人民币，比去年同期增长 2 倍，维修产值 1 400 万元人民币，同比增长 24.4%。2023 年，江苏海关特殊监管区域保税维修进出口值 137.67 亿元，同比增长 6.6%。②

第三节　广州外贸新业态在全国的地位

一、广州外贸新业态在全国的地位

1. 跨境电商。跨境电商是信息技术对外贸的赋能、升级与迭代，代表外贸的未来发展方向。早在 2016 年，广州即已获批国家跨境电商综合试验区城市。2023 年，广州跨境电商进出口额为 1 995 亿元，居全国第三位，其中，进口连续 9 年居全国第一位。③

2014 ~ 2022 年，广州跨境电商进出口规模增长 93 倍，进口额连续 9 年排名首位，继续领跑全国。广州跨境电商综试区在中国商务部 2021 年跨境电子商务综合试验区评估中位列全国第一档，为全国 10 家入选跨境电商综试区之一。同时，广州电子商务产业集聚效应明显，目前已有 3 个国家电子商务示范基地、12 个省级电子商务示范基地、10 家国家电子商务示范企业。

---

① 汤莉. 发展保税维修业务 为外贸创新增动能［N］. 国际商报，2024 - 03 - 08 (003).
② 洪剑儒. 保税维修创新发展有奔头［N］. 国际商报，2024 - 12 - 11 (001).
③ 罗琳. 粤港澳大湾区跨境电商新业态发展路径创新研究［J］. 全国流通经济，2024 (16)：38 - 41.

目前，广州海关辖区内的白云国际机场、南沙港等口岸已吸引了天猫、京东、唯品会等一批跨境电商龙头企业进驻。南沙风信子跨境商品直购体验中心利用 O2O 运营模式已在大连、厦门等地推广复制，霍英东集团自邮行体验店、四洲国际食品跨境电商直购中心、广东合捷跨境商品保税展示中心等企业也在 10 多个城市建立了 40 多个分支机构。

广州南沙自贸区陆续推出了具有南沙特色的在线保税进口模式（B2B2C）、直接采购进口模式（B2C）和跨境电子商务直接采购体验（O2O）等业务模式。南沙跨境电子商务监管模式入选商务部年度最佳实践案例。

其最大的竞争对手是深圳市。2023 年深圳跨境电商进出口额为 3 265 亿元，是广州的 1.64 倍。①

2. 市场采购贸易。广州花都皮革皮具市场是华南首个市场采购贸易试点区域。自 2017 年启动试点以来，广州市场采购贸易规模已累计突破 6 800 亿元，居全国第二位。

2018 年，广州市场采购贸易出口额 1 580.9 亿元，居全国第二位。市场采购贸易已成为继一般贸易、加工贸易之后的第三大出口贸易方式，占全市出口总额的 28.19%。2020 年 1 ~ 11 月，广州市场采购出口 1 483 亿元，增长 89.4%。2021 年，广州市场采购贸易出口 1 403 亿元，占全市出口比重 22.23%，占全省市场采购出口份额 45%。②

试点以来，采购出口商品已覆盖箱包、皮具、服装、鞋帽、家居、建材、数码产品等 2 000 多个品种。出口区域覆盖欧洲、美国、中东等多个国家和地区。截至 2022 年 8 月，广州参与市场采购贸易方式试点的备案主体达 30 395 家，出口金额占比最多的产品类型为家具类（12.28%）、玩具类（8.75%）等。

其最大的竞争对手是第一名义乌市。义乌是我国市场采购贸易试点最早、规模最大的城市。2023 年，义乌通过市场采购贸易方式出口 3 883.7 亿元。③

---

① 罗琳. 粤港澳大湾区跨境电商新业态发展路径创新研究［J］. 全国流通经济，2024（16）：38 - 41.

② 许晓芳，林晓丽，方晴. 广东多措并举扩内需、稳外贸 做实做强新发展格局战略支点［J］. 中国外资，2022（11）：64 - 66.

③ 洪剑儒. 市场采购贸易：十年结硕果 扬帆再启程［N］. 国际商报，2024 - 11 - 22（002）.

3. 外贸综合服务。外贸综合服务是商务部力推的主流外贸新业态，承担推动和帮助广大中小企业扩大进出口的重任。据企查查数据，截至2024年5月，广州市外贸综合服务企业数量达1 350家，占广东省的一半以上，居全国第一位。

2014年，广州对外贸综合服务企业融资贷款给予贴息支持，对年出口规模超10亿美元的外贸综合服务企业，给予500万元奖励。2016年，广东省认定了46家外贸综合服务试点企业，其中，广州7家。2023年11月，广东省商务厅发布了《关于公布2023年广东省外贸综合服务企业重点培育名单通知》。全省共32家外贸综合服务企业入选，其中，广州有5家。

近年来，广州市采取外综服＋跨境电商零售出口模式。截至2022年8月，广州市头部跨境电商公司希音已实现外综服出口6.11亿元。洲博通是国内第一批从事外贸综合服务业务的外贸综合服务平台，是广州市成功备案的7家外综服平台企业之一，已经累计服务外贸企业3 000多家。截至2021年2月，服务订单数量34 201份，服务产品出口国家和地区约120个，出口金额10亿美元以上。[①]

其最大的竞争对手是深圳市。深圳一达通是全国外综服企业中最大的龙头企业，2023年累计服务客户20万家，累计进出口额1 000亿美元。2014年，阿里巴巴全资收购一达通，一达通成为阿里集团全球化战略的重要板块。[②]

4. 平行进口。平行进口是汽车贸易领域的新形态，广州在平行进口中处于全国第二位。广州南沙在全国首创"保税＋会展""保税仓储＋保税流转"汽车平行进口模式。南沙已汇聚平行进口汽车贸易、代理、融资等各类企业超过140家。截至2022年，南沙累计进口平行进口汽车约6万台，系全国第二大汽车平行进口口岸。

2019年，广州整车进口1.2万辆，同比增长1.5倍，相对于2015年增长

[①] 蓝庆新，童家琛. 我国外贸新业态新模式可持续发展研究［J］. 国际经济合作，2022（2）：50 - 57.

[②] 黄丙志，刘宗沅. 新技术涌现下新型国际贸易业态模式发展和制度瓶颈突破——以外贸综合服务平台发展为例［J］. 科学发展，2022（10）：43 - 50.

6 倍多。占地面积达 1.3 万平方米的南沙汽车码头汽车展贸中心全面投入使用，这是广州地区规模最大、入驻企业最多的平行进口汽车专业展厅。2020年，南沙口岸进口整车仍破万辆，居全国第二。在进口车型上，日系车比例上升，欧洲车占比下降，中东版车严重下降。①

近年，广州出台了《关于进一步促进汽车平行进口试点工作的意见》《广州市促进南沙口岸汽车进口扶持政策》等政策，在黄埔区、广州开发区开展汽车平行进口试点企业认定。

其最大的竞争对手是天津市。2023 年前三季度，天津口岸进口平行进口汽车超 2.8 万辆，占全国的 80%。②

5. 离岸贸易。离岸贸易是"货物流、单据流和资金流"三流分离、带有（贸易）总部经济特征、带动效应很强的一种外贸新业态。广州在离岸贸易领域还处于起步阶段，规模较小，目前较为缺乏统计数据。

广州作为华南地区的贸易中心城市之一，珠三角有众多生产企业，具有发展离岸贸易的先天优势。2022 年 4 月，广州南沙新区印发《关于南沙自贸片区推动离岸贸易的工作实施方案》（以下简称《实施方案》），将在离岸贸易领域先行先试，推动离岸贸易政策创新，促进离岸贸易产业高质量发展。《实施方案》提出从建立工作机制、出台支持性政策、打造综合服务平台、开展创新试点、持续优化营商环境等方面着手，进一步提升南沙自贸区离岸贸易产业能级。力争到 2025 年底将南沙打造成为离岸贸易集聚区、新型离岸国际贸易示范区。

香港特别行政区是国内离岸贸易发展最为成熟的地区，2023 年香港离岸贸易总额达 48 480 亿港元。③

6. 保税物流。广州近年来也在保税物流领域发力。2023 年上半年，广州保税物流进出口增长 7.1%。表 1.6 列出了广州保税物流园区近年的进出口总额。

---

① 王刚，丁寿滨，范莹莹，等. 平行进口汽车详解 [J]. 中国海关，2023（11）：32 - 34.
② 战旗，单毅. 滨城发力巩固平行进口汽车产业龙头地位 [N]. 滨城时报，2023 - 10 - 26（002）.
③ 万原青，王一惠，符洪瑞. 国内外离岸贸易发展研究及案例分析 [J]. 黑龙江金融，2024（11）：69 - 73.

表 1.6　2016～2020 年广州保税物流园区进出口总额　　单位：亿元

项目	2016 年	2017 年	2018 年	2019 年	2020 年
进出口总额	600.71	435.30	618.15	569.89	651.37

资料来源：王刚. 浅谈我国保税业态及保税制度发展历程［J］. 中国海关，2023（2）：74－75.

7. 其他新业态。发展期货保税交割有助于促进广州南沙大宗商品市场贸易的规范化、标准化和国际化，提高我国在国际大宗商品市场的话语权。南沙海关会同郑州商品交易所等有关部门积极推进期货保税交割业务落地。2019 年，广州一家公司在保税交割仓库成功开展甲醇期货保税交割业务，开创了广东自贸试验区期货保税交割业务的先河。

广州在保税展示贸易、中转贸易等新业态上也不断尝试。保税展示交易对象包括毛坯钻石、成品钻石、汽车等。

二、广州外贸新业态发展存在的不足

1. 部分业态排名靠前，但与领先者存在显著差距。在平行进口领域，虽然广州排全国第二位，但规模只有天津的 1/6～1/5。在市场采购贸易领域，虽然也排全国第二位，但规模显著低于义乌市。

2. 部分业态已成各地关注焦点，竞争压力很大。以跨境电商业态为例。跨境电商是各个城市都高度关注的领域，各地都在持续发力，极力推动本地跨境电商发展。近年跨境电商第一城位置不断易手，杭州、深圳、宁波等城市与广州之间存在非常激烈的竞争。如何在激烈竞争中保有优势、脱颖而出是广州需要面对的问题。

3. 规模总体偏小，迫切需要做大体量。一是规模偏小。当前，除跨境电商外，广州外贸新业态规模多在百亿层级，而广州进出口额已踏入万亿级别。二是缺乏大型龙头企业。在外贸新业态企业群体中，广州缺乏主业突出、市场影响力强的大型企业，已有的企业龙头与行业龙头，如阿里巴巴等相比，还存在一定的差距。

4. 监管体制尚不健全。一是监管风险问题。由于没有可以依循的经验，外贸新业态企业在开展通关、结汇、退税等业务时容易产生监管风险。二是缺乏清晰规范。国家关于某些外贸新业态的法律条文还较为模糊。三是支持体系不完备。由于是新生事物，传统金融财政支持手段可能尚未覆盖。

5. 政策推广存在分流效应。随着国家政策的扩散，某一新业态的实施、推广范围不断扩大。对于新晋区域来说，当然是利好，但是对于广州来说，却意味着竞争对手增多，一些本地企业的业务、客户都可能会被分流。

第四节　广州促进外贸新业态发展的制度创新

新业态的蓬勃发展对政府监管形成了倒逼机制，在外贸新业态快速发展的推动下，广州不断推动体制改革，积极探索建立适应新业态发展的新型监管模式和促进贸易投资活动更加便利的公共服务体系。

一、运营机制创新

截至 2023 年，外贸新业态的主阵地广州南沙自贸片区已经累计形成 884 项制度创新成果，其中，410 项在国家、省、市复制推广。主要包括：首创全球优品分拨中心智能化监管模式，对标国际先进贸易监管理念，打造海关集成监管模式，吸引了雀巢、安利等跨国企业国际分拨项目纷纷入驻；搭建首个数字贸易综合服务系统，大幅提升了跨境贸易通关效率，在数字贸易时代的国际规则对接和制定方面发挥了引领作用；创新飞机租赁交易模式，增强在全球航空市场的国际竞争力；出台《广州南沙开发区（自贸区南沙片区）法治营商环境建设纲要（2019～2021）》，系统推进南沙法治环境建设等。

二、监管模式创新

以跨境电商为例，广州南沙进行了一系列监管模式创新。一是施行"先放行入区、后理货承认"政策，紧缩一线进境入区通关时间。对办理标准、诺言良好的物流仓储企业实行"自行理货、视频监理、改单上架"的监管形式，压缩通关时间，减少企业库存管理压力。二是充分利用"互联网＋"。企业申报和海关监管经过互联网无缝对接，跨境电商商品备案、账册管理等海关监管流程实现网上申报、在线审核、实时反馈。三是跨境电商产品质量监测。对以跨境电商网购保税方法申报入区的进口食品，抽样后即放行入区存储出售，并根据抽样检测结果进行后续处置。四是"同业联合担保＋先放后税、汇总缴纳"，减少企业流动资金压力。五是电商货品区间流通。运用自行运输利益制度，树立全国海关特别监管区域间流通快车道。六是电商企业建包配送。改动原来区内打包、区外分拣配送的形式，支持电商企业在区内完成按配送区域、配送公司的会集建包，提高配送效率。

三、行政效能创新

在税务管理方面，随着广州南沙自贸片区的高速推进，南沙税务部门管辖的固定业户比自贸片区挂牌成立前增长了近 5 倍，达到 12.3 万户。因不少新业态涉税业务复杂而难以直接准确适用旧的税收政策，南沙税务部门想方设法、大胆创新监管模式。其中，"税控发票领用网上申请"等 3 项改革举措已在全国复制推广，"复杂涉税事项税收事先裁定""新办企业'一站式'税收服务""自主有税申报"3 项举措入选广东自贸试验区第三批制度创新案例。

南沙已在全省率先实行纳税服务承诺制度，向社会公布 11 大类 28 项纳税服务承诺事项。截至 2024 年 6 月，共办理纳税服务承诺事项约 35 万笔，平均办理时限压缩 25%，承诺事项达标率 100%。[①]

四、口岸服务创新

广州南沙海关已有 136 项海关业务实现在线办理，线上自助报关比例达到 100%，覆盖通关全流程，实现海关政务服务一网通办。在"国际贸易单一窗口"的叠加应用下，企业办理跨部门口岸业务"只进一扇门""最多跑一次"，"互联网＋海关"平台服务得到持续完善。随着"多证合一""多报合一""证照分离"等改革措施落地推广，相关行政审批流程进一步优化，"一个窗口"全面覆盖通关服务和政务服务。出入境无纸化申报率 100%。南沙海关有序推进"两步申报"工作，进口货物提前申报比例提升到 40% 以

---

① 李焕坤，罗仕.广州各经开区如何成为拼经济主阵地？[N].羊城晚报，2024-12-18（A04）.

上，机检查验货物从指令下达到放行用时低至 1 ~ 3 小时。①

在口岸服务方面，广东自贸试验区挂牌成立以来，广州南沙对标国际、国内先进口岸最高标准，坚持先行先试，大力推进贸易便利化改革。截至 2020 年，南沙口岸通关改革创新成果累计达 172 项，其中，36 项属全国首创。部分服务创新项目如表 1.7 所示。

表 1.7　南沙口岸部分服务创新

服务名称	主要内容	主要绩效
溯源系统	全球溯源体系通过采集商品全生命周期的溯源信息，以最低成本实现商品价值的真实传递，已逐步实现进出口商品品类全覆盖，涵盖一般贸易、跨境电商、市场采购等贸易方式	截至 2020 年，包括京东、天猫、唯品会、美赞臣、美的、四洲等全球 1 973 家企业参与溯源，涉及的商品品牌达 8 190 个，已有 814.71 万人次进行溯源查询。该溯源体系建设正在进一步深化，已在全国多地推广应用
24 小时通关	南沙海关在南沙港区试行周末及节假日货物常态化通关	出口通关时间压缩 8 成以上，至 3.5 小时，极大地节省了企业在港口产生的堆存费、滞柜费、打冷费等物流费用
查验费用减免	南沙在全省率先试点开展集装箱进出口合规成本整治，并推行政府购买查验服务"南沙模式"，查验没有问题的外贸企业在吊装、移位、仓储等方面的费用（包含检验检疫范围）得以免除，覆盖项目为全国最广	截至 2020 年，已累计为企业节省费用超过 2 亿元
通关提速	在通关提速方面，"提前申报""自主申报、自行缴税""进口直通""出口直放""审单放行"等新型通关模式在南沙口岸试点，货物通关效率进一步提升	2020 年，南沙口岸进出口整体通关时间较 2017 年压缩 83%、94%，仅为全国平均水平的 42%、35%

资料来源：宾红霞. 口岸便利化改革的"南沙实践"辐射全国 [N]. 南方日报，2021 - 4 - 19 (006).

① 周颖，丁乐. 更快、更新、更畅——广州南沙大力推进对外开放 [N]. 经济参考报，2022 - 11 - 15 (005).

第二章　跨境电商

第一节　我国跨境电商的发展

一、概念与定义

1. 跨境电商的概念。跨境电商是我国外贸的重要组成部分，是指通过电子商务平台实现商品的跨境交易和物流配送的新业态。

跨境电商发展形式多样化，包括 B2B（企业对企业）模式、B2C（企业对消费者）模式、C2C（消费者对消费者）模式、O2O（线上线下）模式等。其中的供应链分类类型如表 2.1 所示。

表 2.1　跨境电商供应链类型

类别		示例
出口跨境电商	B2B 类	阿里巴巴国际站、环球资源、中国制造网、敦煌网、大龙网、拓拉思、领工云商、大健云仓、宝信环球、全球贸易通
	B2C 类（平台）	亚马逊全球开店、eBay、Temu、TikTok、全球速卖通、Shopee、Lazada、Wish、联络互动
	B2C 类（卖家）	SHEIN、安克创新、华凯易佰、patpat、致欧科技、赛维时代、星商、吉宏股份、子不语、兰亭集势、三态股份、傲基、遨森电商、跨境通、有棵树、星徽股份、绿联科技
进口跨境电商	B2B 类	行云集团、海弘集团、集采、候鸟、麦帮科技、福猫供应链
	B2C 类	天猫国际、京东国际、洋葱集团、55 海淘、亚马逊海外购、海拍客、KK 集团、你好世界

续表

类别		示例
跨境电商服务商	综合类	卓志集团、珊瑚跨境、世贸通、泛鼎国际、辰海集团、易芽、来赞宝、海比电商
	物流类	纵腾集团、递四方、菜鸟国际、燕文物流、至美通、泛远国际、乐舱物流、华贸物流、安骏物流、飞盒跨境、海管家、驿玛科技
	金融类	Paypal、PingPong、连连国际、空中云汇、派安盈、丰泊国际、Skyee、易宝支付、寻汇 SUNRATE、豆沙包、智汇鹅、蚂蚁国际、义支付、拉卡拉
	SaaS 类	领星、店匠、易仓科技、积加、店小秘、欧税通、马帮 ERP、擎天全税通、易达云
	营销类	易点天下、力盟科技、飞书深诺、思亿欧、卧兔网络、红毛猩猩、外贸公社

跨境电商服务商是跨境电商的一个重要组成部分，正随着跨境电商的发展而快速成长起来。其中，SaaS 一类是专为跨境电商企业提供整套在线解决方案的云服务平台或软件开发商。SaaS 类服务软件还可以细分为建站、选品、运营以及获客等类型。

2. 跨境电商的特征。

一是便利性。跨境电商通过电子化的手段，如电子商务平台、电子邮件、社交媒体等，实现商品的展示、交易撮合和支付结算等环节，简化了交易流程，使得交易更加便捷。

二是高效性。跨境电商可以通过建立海外仓等手段缩短配送时间，降低物流成本，从而提高效率。

三是丰富性。跨境电商提供了更加丰富多样的商品，能满足消费者多样化的需求。跨境电商面向的是全球市场，有助于实现市场多元化。

四是个性化。通过大数据和分析技术，企业可以对市场趋势、消费者行为等进行分析，从而更好地制定营销策略和优化产品和服务，提供更加个性化和定制化的产品和服务。

跨境电商的运作环节包括选品、确定平台、运营与成交、收款与发货，还有售后等环节，各环节间相互衔接、共同影响。跨境电商实务运作环节如表2.2所示。

表 2.2　跨境电商实务全环节

环节	内容
市场研究	了解目标市场的消费者需求、竞争情况和法规环境
商品选品	根据市场研究结果选择有市场潜力的商品
网站建设	选择合适的电商平台进行店铺注册和搭建，优化用户体验
营销推广	选择合适的广告渠道进行品牌推广和吸引目标用户
订单管理	接收和处理订单，安排商品发货和物流配送
客户服务	解答客户咨询，处理退换货和售后问题

二、跨境电商发展历程

1. 起步阶段（1999～2002 年）。跨境电商的萌芽可以追溯到 20 世纪 90 年代，随着互联网的兴起，一些前瞻性的企业和个人开始尝试通过网络平台将商品销售到海外。这一时期，跨境电商的规模较小，主要通过电子邮件和简单的在线支付系统完成交易。1999 年，阿里巴巴成立，为中小企业提供了一个在线展示和交易的平台。

2. 发展阶段（2003～2012 年）。进入 21 世纪，随着电子商务技术的成熟和支付、物流等配套设施的完善，跨境电商开始快速发展。2003 年，eBay 进入中国市场；2004 年，亚马逊推出 FBA 服务，为卖家提供了便捷的海外仓储和物流解决方案。这一时期，跨境电商平台如雨后春笋般涌现，为全球买家和卖家搭建了桥梁。

3. 爆发阶段（2013～2017 年）。2013 年，我国在上海、重庆等城市设立了跨境电商综合试验区，总共设立了 35 个跨境电商综合试验区，新建 30 个国家电商示范城市。2014 年，阿里巴巴在纽约证券交易所上市，成为全球最大的 IPO 之一。随后，跨境电商头部平台，如京东、唯品会等也相继崛起，推动了行业的繁荣。

4. 成熟阶段（2018 年至今）。近年来，跨境电商已经进入成熟阶段，行业规模不断扩大，市场细分更加明显。我国设立了更多的跨境电商综合试验区，并出台了一系列支持政策。2020 年，新冠疫情虽然对全球贸易造成了冲击，但也加速了线上购物的普及，跨境电商迎来了新的发展机遇。①

三、中国跨境电商发展现状与市场规模

1. 整体规模。根据海关总署数据，2023 年，中国跨境电商进出口额达到 2.38 万亿元，同比增长 15.6%，其中，出口额为 1.83 万亿元，增长 19.6%；而进口额为 5 483 亿元，增长 3.9%。过去 5 年，我国跨境电商贸易规模增长超过 10 倍。2024 年一季度，中国跨境电商进出口 5 776 亿元，增长 9.6%，其中，出口 4 480 亿元，增长 14%。②

此外，更多企业涌入跨境电商行业。据统计，全国跨境电商主体已超 12 万家，跨境电商产业园区超 1 000 个，建设海外仓超 2 500 个、面积超 3 000 万平方米，其中，专注于服务跨境电商的海外仓超 1 800 个，面积超 2 200 万平方米。③

2023 年跨境电商进出口数额排名前十的城市如表 2.3 所示。

表 2.3　2023 年跨境电商进出口数额排名前十的城市

城市	进出口额（亿元）	同比增长（%）
深圳	3 265	74.4
上海	2 600	42
宁波	2 302	14.8
广州	2 004.6	51.54
佛山	1 974.7	—
杭州	1 400.4	20.55
郑州	1 250	10
金华	1 200	—
成都	1 059	15.9
东莞	907	10.8

资料来源：李峰，杜国臣. 我国"跨境电商 + 产业带"发展趋势［J］. 服务外包，2024（7）：14 – 18.

---

① 朱睿颖. 电商行业大事记［N］. 现代物流报，2023 – 12 – 25（02）.
② 侯若旭，高蒙蒙. 跨境电商应用型人才培养存在问题及模式探寻［J］. 中国战略新兴产业，2024（8）：185 – 187.
③ 张怀水. 商务部：跨境电商主体超 12 万家［N］. 每日经济新闻，2024 – 05 – 31（001）.

2. 跨境电商覆盖的行业。跨境电商涵盖了多个领域，其中，消费品出口占据主导地位。2022 年，消费品出口占据了 92.8% 的份额。

电子产品，尤其是智能手机、电脑配件和家用电器一直是跨境电商的热门品类。然后是家具产品，包括办公家具、沙发、床垫等细分品类。进口方面，居家生活商品、保健品、个人护理用品、运动户外用品这几个品类商品的消费增长迅速。

跨境出口 B2B 电商扮演着核心角色，占据了行业整体规模的大约七成。B2B 模式的电商业务以其高准入壁垒和对企业级客户服务为特征。当前，跨境 B2B 电商的主要市场集中在经济发达、市场成熟的欧美地区。

3. 代表性跨境电商企业和平台。跨境电商可以分电商平台与电商品牌。电商平台包括 Teum、SHEIN、PatPat、速卖通、兰亭集势等综合类与垂直类等平台。跨境品牌代表有 Unice、SHEGLAM 和花知晓等。

在 BrandOS 评分 Top100 的跨境电商中，电商平台的社交媒体主页在欧洲的浏览量最多，占比达 45.3%。这表明欧洲市场对于电商平台来说具有较高的吸引力。相比之下，电商品牌的社交媒体主页主要集中在东南亚地区，占比达 37.1%，显示了品牌建设中东南亚市场的重要性。UNice、SHEGLAM 和花知晓分别为跨境电商饰品、服装以及个护美妆类品牌，位列 BrandOS 评分的 Top3，显示出这些品牌的高影响力。在跨境电商品牌中，服饰类品牌数量最多，占比约为 64.4%，显示服饰类品牌的活跃度和受欢迎程度。[1]

在跨境电商的发展中涌现出了天猫国际、京东国际、唯品会等众多的代表性企业。

专栏

TIKTOK Shop：引领电商新潮流的社交购物平台

在数字化和全球化的大潮中，TIKTOK Shop 作为 TIKTOK 的电商分支，自 2020 年推出以来，已经成为全球电商领域的一大亮点。根据《2024 年中国跨境电商行业研究报告》，TIKTOK Shop 的用户基数在 2023 年达到了 10 亿

---

① 允升. 2021 跨境电商分类排行 [J]. 互联网周刊, 2022 (2): 22 - 23.

这一惊人数字，预计到 2024 年底，其全球月活跃用户数将增长至 15 亿。

TIKTOK Shop 的特点包括：

一是全新的购物体验。2023 年，TIKTOK Shop 通过与全球多个知名品牌合作，成功推出了一系列创新营销活动。以"双十一"购物节为例，其销售额同比增长超过 200%，这一成就凸显了 TIKTOK Shop 在电商领域的潜力和影响力。用户通过短视频发现商品，并通过 TIKTOK Shop 的一键购买功能，实现了从发现到购买的无缝对接。

二是社交电商的融合。2024 年的数据显示，TIKTOK Shop 上的 KOL 营销活动平均转化率达到了 5%，远高于行业平均水平。这一成果得益于 TIKTOK Shop 强大的社交属性和用户参与度，以及其对 KOL 和 UGC 内容的有效利用，为品牌提供了与年轻消费者沟通的全新渠道。

三是全球化布局。TIKTOK Shop 的全球扩张步伐在 2023 年尤为显著，成功吸引了超过 1 000 万商家入驻，覆盖了全球 150 多个国家和地区。从亚洲的印度尼西亚、马来西亚到欧洲的英国、西班牙，TIKTOK Shop 的足迹遍布全球，为不同地区的消费者提供了良好的购物体验。

四是技术支持与数据驱动。2024 年，TIKTOK Shop 进一步加大了对人工智能和大数据分析的投资。通过精细化的用户画像和个性化推荐系统，TIK-TOK Shop 不仅提高了用户满意度，也极大提升了商家的营销效率，为电商行业树立了新的标杆。

资料来源：李懿默，刘小晔. 抖音国际版 TikTok 成功出海路径分析［J］. 数字化传播，2024（6）：52－55.

当然，在跨境电商发展过程中，也存在着这样或那样的问题。

专栏

跨境电商维权

随着海淘模式的火热，跨境电商领域的消费纠纷也日益增多。据国内知名网络消费纠纷调解平台"电诉宝"2023 年全年受理的维权案例显示，退款问题、发货问题、商品质量、虚假宣传等成为消费者投诉的主要集中点。

投诉榜单：洋码头、中免日上、天猫国际位列跨境电商投诉榜前三，反映出这些平台在服务上可能存在的不足。

问题类型：退款问题占比高达 41.47%、发货问题 8.70%、商品质量 7.36%、网络售假 6.36%、售后服务 6.02%，这些数据凸显了消费者在跨境电商交易中遭遇的痛点。

地区分布：广东以 15.72% 的投诉量位列第一，然后是浙江 10.37% 和北京 9.03%，这可能与这些地区网络购物活跃度有关。

性别比例：女性用户投诉比例为 63.35%，高于网购平均水平，表明女性的维权意识较强，同时也可能面临更多的消费问题。

金额分布：1 000～5 000 元的投诉金额占比 35.12%、100～500 元占比 22.74%，显示出消费者的损失多集中在中低金额区间。

资料来源：海关总署. 海关总署公告 2024 年第 167 号（关于进一步促进跨境电商出口发展的公告）［EB/OL］.（2024 - 11 - 25）［2024 - 12 - 30］. https：//www. gov. cn/zhengce/zhengceku/202411/content_6989668. htm.

四、国家促进跨境电商发展的政策

中国跨境电商的快速发展得益于多方面因素，其中包括有力的政策支持。

在清单管理方面。清单管理政策调整包括调整部分商品税则号列、商品备注，有效衔接并接轨国际高标准，使商品科目与类别等不断增加。在税收政策方面，一直注重调整税收结构，促使行业更健康、更均衡地发展，如对高价值产品征收更高的税率。在产品政策方面，鼓励进口长尾产品，从而扩充进口商品种类、鼓励各类企业加入跨境电商。[①]

在外在环境的政策支持方面。《区域全面经济伙伴关系协定》的签署和"一带一路"倡议的推进加强了国家间在铁路、口岸、海关等部门的合作，为跨境电商提供了良好的发展环境。根据公开文件，本书整理了近 5 年跨境电商领域的相关政策如表 2.4 所示。

---

① 程宇明. 跨境电子商务消费者权益保护的现状考察与路径优化［J］. 阜阳职业技术学院学报，2022，33（3）：92 - 95.

表 2.4　2019～2024 年中国政府针对跨境电商领域出台的政策

颁布时间	出台部门	名称	相关内容
2019 年 10 月 29 日	海关总署	《关于跨境电子商务综合试验区零售出口企业所得税核定征收有关问题的公告》	明确了跨境电商企业的税收优惠政策，包括应税所得率的确定、小型微利企业所得税优惠政策等。 一、综试区内的跨境电商企业，同时符合下列条件的，试行核定征收企业所得税办法： 1. 在综试区注册，并在注册地跨境电子商务线上综合服务平台登记出口货物日期、名称、计量单位、数量、单价、金额的； 2. 出口货物通过综试区所在地海关办理电子商务出口申报手续的； 3. 出口货物未取得有效进货凭证，其增值税、消费税享受免税政策的。 二、综试区内核定征收的跨境电商企业应准确核算收入总额，并采用应税所得率方式核定征收企业所得税。应税所得率统一按照 4% 确定。 三、税务机关应按照有关规定，及时完成综试区跨境电商企业核定征收企业所得税的鉴定工作
2020 年 3 月 27 日	海关总署	《关于全面推广跨境电子商务出口商品退货监管措施有关事宜的公告》	一、跨境电子商务出口企业、特殊区域（包括海关特殊监管区域和保税物流中心（B 型））内跨境电子商务相关企业或其委托的报关企业可向海关申请开展跨境电子商务零售出口、跨境电子商务特殊区域出口、跨境电子商务出口海外仓商品的退货业务。 二、申请开展退货业务的跨境电子商务出口企业、特殊区域内跨境电子商务相关企业应当建立退货商品流程监控体系，应保证退货商品为原出口商品，并承担相关法律责任
2021 年 7 月 9 日	国务院办公厅	《关于加快发展外贸新业态新模式的意见》	推广数字智能技术应用。完善跨境电商发展支持政策，扩大跨境电子商务综合试验区试点范围。培育一批优秀海外仓企业，鼓励传统外贸企业、跨境电商和物流企业等参与海外仓建设。完善覆盖全球的海外仓网络，提高海外仓数字化、智能化水平，促进中小微企业借船出海，带动国内品牌、双创产品拓展国际市场空间
2021 年 10 月	商务部网信办发展改革委	《"十四五"电子商务发展规划》	支持跨境电商高水平发展。鼓励电商平台企业全球化经营，完善仓储、物流、支付、数据等全球电子商务基础设施布局，支持跨境电子商务等贸易新业态使用人民币结算。培育跨境电商配套服务企业，支持全球产业链供应链数字化，带动品牌出海。继续推进跨境电商综试区建设，探索跨境电商交易全流程创新。加快在重点市场海外仓布局，完善全球服务网络。补足货运航空等跨境物流短板，强化快速反应能力和应急保障能力。优化跨境电商零售进口监管，丰富商品品类及来源，提升跨境电商消费者保障水平。加强跨境电商行业组织建设，完善相关标准，强化应对贸易摩擦能力，为中国电子商务企业出海提供保障和支撑措施

续表

颁布时间	出台部门	名称	相关内容
2021年11月22日	国务院	《关于进一步加大对中小企业纾困帮扶力度的通知》	依托跨境电商等外贸新业态,为中小企业提供远程网上交流、供需信息对接等服务。加快海外仓发展,保障外贸产业链供应链畅通运转。充分发挥境外经贸合作区作为中小企业"抱团出海"平台载体的作用,不断提升合作区建设质量和服务水平,引导和支持有合作需求的中小企业入区开展投资合作
2022年3月17日	商务部	《关于用好服务贸易创新发展引导基金支持贸易新业态新模式发展的通知》	聚焦发展贸易新业态新模式,支持跨境电商、海外仓、数字贸易、云外包等,构建适应跨境电商发展的配套服务体系。支持构建适应跨境电商发展的配套服务体系,支持提高海外仓数字化、智能化水平,优化完善布局,发挥"蓄水池"作用,帮助中小微外贸企业借船出海;支持跨境物流服务商发展壮大,促进国际物流体系建设;支持培育数字贸易企业和项目,孵化国际化数字贸易提供商
2023年1月	财政部 海关总署 税务总局	《关于跨境电子商务出口退运商品税收政策公告》	因滞销、退货原因,自出口之日起6个月内原状退运进境的商品(不含食品),免征进口关税和进口环节增值税、消费税;出口时已征收的出口关税准予退还,出口时已征收的增值税、消费税参照内销货物发生退货有关税收规定执行
2024年3月22日	商务部	《跨境服务贸易特别管理措施(负面清单)》	国家在自由贸易试验区、海南自由贸易港等特殊经济区域对符合条件的境外服务提供者开展跨境服务贸易实施更优惠开放措施的,按照相关规定执行
2024年5月27日	外贸司	《商务部等9部门关于拓展跨境电商出口推进海外仓建设的意见》	积极培育跨境电商经营主体,大力支持跨境电商赋能产业发展,提升服务跨境电商企业能力,支持跨境电商企业"借展出海",加强跨境电商行业组织建设与人才培养,畅通跨境电商企业融资渠道,优化跨境资金结算服务,推动跨境电商供应链降本增效

资料来源:根据公开资料整理。

第二节 广州跨境电商的发展现状

一、广州跨境电商现状

广州近年来在跨境电商领域取得了显著的发展。截至2023年,广州跨境电商实现进出口规模9年增长137倍,进口规模已连续10年保持全国第一。

2023 年，广州跨境电商进出口额达到了 2 004.65 亿元人民币，同比增长超过 45%，占全市外贸进出口额近 20%。①

2021 年和 2022 年广州在中国（广州）跨境电子商务综合试验区评估中连续两年位列全国第一档。《2021 年度中国城市跨境电商发展报告》将 105 个跨境电商综试区划成 4 个不同梯队，以应用发展总指数、发展规模指数来衡量，广州位居全国引领梯队头名，意味着其在营商环境、互联互通、发展潜力、交易规模、载体发展、市场主体创新、政府监管创新等方面都非常优秀。

广州跨境电子商务进出口额数据如表 2.5 所示。

表 2.5　广州跨境电子商务进出口额

年份	进出口总额（亿元）	增幅（%）	出口额（亿元）	进口额（亿元）
2015	67.7	36.3	34.5	33.2
2016	146.8	116.84	86.5	60.3
2017	227.7	55.11	75.8	151.9
2018	246.8	8.39	48.8	198.0
2019	385.9	56.36	132.7	253.2
2020	472.0	22.31	—	—
2021	675.7	52.35	—	—
2022	1 375.9	56.78	969.2	406.7
2023	2 004.65	51.54	1 711.9	292.7

资料来源：侯希. 双循环背景下跨境电商"广州模式"创新发展研究 [J]. 现代商业, 2024 (3)：31 - 34.

广州的跨境电商具有三大特点：一是广州的跨境电商产品不均衡，出口商品主要包括电子产品、服装、家居用品等，其中，电子产品出口额占比最高，达到 40%；二是广州的跨境电商以 B2B 模式为主，占总交易额的 70% 以上；② 三是广州跨境电商市场主体活跃，培育了包括唯品会、洋葱、卓志等在内的多家优质跨境电商企业，并吸引了 SHEIN、TikTok 等头部平台和重点企业来广州发展。

① 李和英. 持续优化发展环境 广州助力跨境电商发展 [N]. 中国商报, 2021 - 08 - 18 (007).
② 陈中明. 数字贸易背景下广东省跨境电商生态圈构建研究 [J]. 商场现代化, 2023 (23)：31 - 33.

2022 年，广东省省级跨境电商产业园区和跨境电商企业共有 19 家，公示名单如表 2.6 所示。其中，广州有 4 家入选。

表 2.6　2022 年广东跨境电商产业园区和跨境电商企业名单

类型	数量	名单
跨境电商产业园区	引领型 1 家	华南城电子商务产业园
	成长型 7 家	联合金融谷跨境电商产业园、中国陶瓷产业总部基地、汕头保税物流中心、创智云城、虎门电商产业园、佛山国际贸易港、智汇 PARK
跨境电商企业	龙头型 3 家	唯品会（中国）有限公司、深圳市通拓科技有限公司、赛维时代科技股份有限公司
	成长型 8 家	傲基科技股份有限公司、深圳市易佰网络科技有限公司、广州洋葱时尚集团有限公司、深圳环金科技有限公司、广州哆啦科技有限公司、深圳市三态电子商务股份有限公司、深圳市睿联技术股份有限公司、尚睿科技股份有限公司

资料来源：作者整理。

企业数量方面，据企查猫数据，截至 2022 年 9 月底，广东的企业数量居全国第一，其中，广州共有跨境电商企业数 1 007 家、深圳 2 063 家、东莞 117 家、珠海 96 家、中山 27 家、佛山 46 家、惠州 16 家。广州居全省第二位。

在 2020 年广州跨境电商公共服务平台已备案的 2 558 家企业中，电商企业 1 973 家、物流报关服务企业 521 家、支付企业 64 家。为了适应不断变化的市场需求，企业推出了更多创新的服务模式，如跨境电商直播带货、社区团购等新型电商模式。

二、广州促进跨境电商发展的政策

作为中国跨境电商的排头兵，广州是受全球瞩目的城市。广州的跨境电商发展得益于其产业基础、供应链优势以及政策支持。广州市政府出台了一系列政策措施，旨在进一步推动跨境电商的高质量发展，并强化广州作为跨境电商国际枢纽城市的建设。随着这些措施的实施，预计广州跨境电商将继续保持强劲的增长势头。广州跨境电商相关政策如表 2.7 所示。

表 2.7　广州跨境电商相关政策

时间	名称	内容
2020 年 9 月 4 日	《广州市推动跨境电子商务高质量发展若干措施》	择优遴选一定数量的跨境电商"麒麟"企业，并对首次进入名单的跨境电商企业给予一次性奖励，最高不超过 200 万元。 发展"跨境电商＋产业带"模式，如打造"一区一特色"跨境电商产业园区。择优遴选一定数量的跨境电商"鲲鹏"产业园区（集聚区），对首次进入名单的跨境电商产业园区给予奖励，最高不超过 500 万元。 在支持跨境电商企业开展"品牌出海"方面，将遴选一定数量的优秀跨境电商"品牌出海"企业，对其开展品牌推广产生的实际费用给予不超过推广费用 50% 的资金扶持，单个企业每年扶持金额不超过 100 万元
2021 年 3 月 29 日	《广州市把握 RCEP 机遇促进跨境电子商务创新发展的若干措施》	促进跨境 B2B 出口。对跨境电商 B2B 出口货物优先安排查验，支持符合条件的跨境电商 B2B 出口货物通过申报清单办理通关手续，简化申报要素等。简化跨境贸易资金收付。在满足交易信息采集、真实性审核的条件下，为跨境电商市场主体提供跨境结算便利化服务。 支持跨境电商集聚发展。鼓励社会资本利用各区现有产业载体、旧工业区、旧厂房等建设跨境电商产业园（集聚区），吸引国内外优质跨境电商企业及其上下游供应链企业入驻园区集聚发展，对入园企业提供投资融资、工商税务等公共服务
2024 年 3 月 6 日	《广州市进一步推动跨境电子商务高质量发展若干政策措施》	一是培育建设跨境电商企业和园区。支持跨境电商企业发展，择优遴选一定数量的跨境电商"麒麟"企业（B2B 和 B2C 平台、第三方服务企业），对首次进入名单的跨境电商企业给予一次性奖励，最高不超过 200 万元。加强跨境电商产业竞争优势，择优遴选一定数量的跨境电商"鲲鹏"产业园区（集聚区），对首次进入名单的跨境电商产业园区，给予运营主体一次性奖励，最高不超过 500 万元。 二是支持跨境电商"品牌出海"。遴选一定数量的优秀跨境电商"品牌出海"企业，对其借助社交媒体、搜索引擎、跨境直播、第三方跨境电子商务平台等方式开展品牌推广产生的实际费用给予不超过推广费用 50% 的资金扶持，单个企业每年扶持金额不超过 100 万元。 三是强化跨境电商国际枢纽功能。鼓励跨境电商仓储物流基础配套设施建设，对跨境电商企业租赁海关特殊监管区域开展跨境电商业务的，给予不超过租金的 30% 的资金扶持，单家企业每年扶持金额不超过 150 万元。 四是优化跨境电商营商环境。包括搭建跨境电商公共服务平台、支持跨境电商海外仓发展、优化监管协作机制、创新海关监管服务、持续优化税收政策、探索跨境电商模式创新、加大跨境电商金融支持、加大跨境电商人才培训引进、支持行业交流、引导跨境电商企业合规经营、加强跨境电商知识产权海外维权援助、加大行业宣传推广等

在跨境电商发展过程中，广州也积累了一系列全国领先的经验。

专栏

跨境电商：广州模式——创新驱动下的飞跃发展

1. 创新引领，政策先行

广州综试区以"3＋N"政策矩阵重塑产业生态链，以"六个率先"的创新举措持续推动跨境电商与产业带的深度融合。这一战略不仅为广州带来了 24 个跨境电商产业园区，更汇聚了 1 200 余家企业主体，形成了一个完整的产业生态链。

2. 跨越式增长，全国瞩目

数据显示，截至 2023 年，广州跨境电商进出口总额位列全国前列，9 年增长 136 倍，进口规模连续 9 年位居全国第一。这一飞跃式的发展不仅为广州经济注入了新动力，也为全国跨境电商的发展提供了可借鉴的模式。

3. 全球视野，三中心建设

2023 年，广州在全球范围内首创跨境电商"三中心"——生态创新中心、卖家服务中心、超级供应链中心。这一创新举措汇聚了全球资源、推动了传统产业的转型升级、为企业提供"一站出海，跨境无忧"式服务。

4. 产业集聚，头部企业入驻

"三中心"运营半年多以来，已累计接待 170 多次全国访问团，吸引了希音、拼多多、Tiktok、阿里巴巴国际站等众多头部企业入驻，形成了全球首个跨境电商产业综合地标和城市产业会客厅。

5. 互联网＋仲裁，纠纷解决新模式

广州还探索了"互联网＋仲裁"纠纷解决模式，广州仲裁委 ODR 平台提供在线多元纠纷解决服务，实现了跨境解纷的"无障碍通道"，为跨境电商的健康发展提供了有力保障。

广州的跨境电商发展是创新驱动发展战略的生动实践，是对外开放水平不断提升的有力证明。展望未来，广州将继续以开放的姿态迎接全球合作伙伴，共同书写跨境电商的辉煌篇章。

资料来源：侯希. 双循环背景下跨境电商"广州模式"创新发展研究［J］. 现代商业，2023 (23)：31－34.

第三节 杭州跨境电商的发展经验

一、杭州跨境电商现状

杭州是全国首个跨境电子商务综合试验区。据统计，2023 年 1～11 月，杭州跨境电商进出口总额达 1 248.05 亿元人民币，同比增长了 20.55%，其中，出口额为 1 082.00 亿元人民币，同比增长 25.75%。[①]

杭州跨境电商企业数量从 2014 年的不足 2 000 家增长到 2022 年的 55 381 家，8 年里增长了 30 倍。年交易额超亿元的龙头企业达到 157 家，企业规模达到 2 000 万元以上的有 832 家，注册商标数达到 4 371 个。跨境电商独角兽、准独角兽企业达到 46 家，一些新国货品牌如花西子、张小泉剪刀等影响力辐射全球。[②]

杭州跨境电商综试区推动了以"六体系两平台"为核心的制度创新，形成了多项跨境电商制度范本。杭州跨境电商平台和企业多元化发展贸易联通 220 个国家和地区。

杭州跨境电商综试区正在继续深化先行先试，推动品牌出海，促进"六链融合"，即创新链、产业链、人才链、服务链、金融链、政策链等六链融合。杭州致力于建设跨境电商全国第一城，推动跨境电商高质量发展。

杭州跨境电商发展的时间节点如表 2.8 所示。

表 2.8 杭州跨境电商发展的时间节点

时间	进展
2015 年 3 月 7 日	国务院同意设立中国（杭州）跨境电子商务综合试验区，这是全国首个跨境电商综合试验区
2016 年	杭州跨境电商正式起步，当年跨境电商进出口规模仅 1.2 亿元
2022 年	杭州跨境电商进出口总额首次突破 1 000 亿元，成为重要的里程碑
2023 年 1～11 月	跨境电商进出口总额达到 1 248.05 亿元，同比增长 20.55%

---

① 徐婕. 自贸区背景下杭州跨境电商发展研究 [J]. 物流科技，2023（16）：80-82

② 刘旭颖. 拥抱未来，杭州交出数贸发展"答卷" [N]. 国际商报，2023-11-28（005）.

续表

时间	进展
2023 年 12 月	杭州综试区内企业在境外自建、合作、租赁的海外仓共有 362 个, 总面积 785.75 万平方米, 覆盖 41 个国家和地区
2023 年	杭州出台《关于加快推进跨境电子商务高质量发展的实施意见》, 为推动跨境电商进一步发展提供政策支持

这些时间节点标志着杭州跨境电商从起步到快速发展, 再到成为全球高地的重要转变。杭州跨境电商进出口情况如表 2.9 所示。

表 2.9　杭州跨境电商进出口情况　　　　　　　　　　　单位: 亿元

年份	进出口额	出口	进口
2020	1 084.2	756.8	327.4
2021	1 103.2	847.08	258.7
2022	1 203.33	1 008.55	194.77
2023 (1~11 月)	1 248.05	1 082.00	166.03
2023	1 400.4	—	—

资料来源: 王阳, 匡锦. 浙江自贸区杭州片区跨境电商发展策略 [J]. 商场现代化, 2024 (20): 42-44.

二、杭州发展跨境电商的经验

杭州的跨境电商发展是中国较早的, 也是业绩十分突出的, 为其他地区的跨境电商发展提供了多方面的经验。

一是勇于政策创新。杭州在跨境电商制度创新方面走在全国前列, 首创的"六体系两平台"顶层设计集聚了信息共享体系、金融服务体系、智能物流体系、电商信用体系、统计监测体系、风险防控体系、线上综合服务平台与线下产业园区平台, 致力于对跨境电商企业进行规范的管理。其中, 信息共享体系建立统一的信息平台, 实现政府监管部门、电商企业、物流公司等之间的信息互通和数据共享, 提高监管效率和透明度。金融服务体系为跨境电商企业提供便捷的金融服务, 如在线支付、跨境结算、融资支持等, 降低企业的金融成本和风险。

二是给予政策引导。浙江省和杭州市出台了《浙江省人民政府办公厅关于印发浙江跨境电子商务高质量发展行动计划的通知》《杭州市人民政府关于加快推进跨境电子商务高质量发展的实施意见》《杭州市跨境电子商务促进条例》等文件，对跨境电商发展给予政策引导。这些政策涵盖了财政补贴、税收优惠、金融支持等多个方面。

三是提供资金扶助。依据《杭州市人民政府关于加快推进跨境电子商务高质量发展的实施意见》等文件，对开展跨境电商出口业务的企业，每年给予不超过 200 万元的资金扶持，对通过应用独立站开展跨境电商出口业务的企业，给予不超过 200 万元的一次性资金扶持；对服务跨境电商企业 50 家以上且服务营收不低于 1 000 万元且资金申报年度的服务营收同比增幅不低于 15% 的服务商，给予不超过 100 万元的一次性资金扶持。

资金支持不仅针对跨境电商企业主体，还有企业的推广行为。《加快推进跨境电子商务高质量发展的实施意见》提出，对运用跨境电子商务平台开展境外推广的，给予不超过推广费用 25% 的资金扶持，单个企业每年扶持金额不超过 50 万元。对跨境电商交易平台每年给予不超过 100 万元的资金扶持。

第四节　推动广州跨境电商发展的对策

一、广州跨境电商的发展趋势

广州拥有强大的外贸基础和完备的供应链，有较高的物流效率，能够快速响应市场变化。但是，广州跨境电商发展也面临一些挑战：一是随着全球电商平台规则收紧，中国跨境电商企业面临合规性挑战，广州的跨境电商企业也需要适应不同国家的法规和政策变化；二是跨境电商周边综合服务能力存在短板，特别是在支付、国际海运、海外仓储等方面依赖国外平台或企业；三是广州跨境电商优质本土品牌较少，中小企业的品牌建设意识和能力上存在不足。

广州跨境电商发展趋势包括：一是品牌化，广州跨境电商将加快向品牌化发展，以提高产品附加值和市场竞争力；二是绿色化，即构建绿色贸易体系、探索建立外贸产品全生命周期碳足迹追踪体系、促进外贸产业链供应链绿色发展；三是服务化，在服务贸易领域，数字技术快速发展催生了大量数字化服务需求，跨境电商服务类产品将不断增多；四是智慧化，未来将随着信息技术的深度融合，跨境电商将在各环节形成全流程的智能化；五是便利化，国际合作的加强将进一步提升便利化水平。

专栏

电商出海新势力："四小龙"的崛起之路

在全球电商的浩瀚海洋中，一股来自中国的新势力正迅速崛起，它们以其独特的商业模式和创新策略在国际市场上大放异彩。这股势力被誉为"电商出海四小龙"——SHEIN、Temu、速卖通 AliExpress 和 TikTok Shop。它们以超高性价比的商品和创新的营销策略成功抢占了亚马逊等传统电商巨头的风头，成为欧美消费者新宠。

四小龙的全球影响力来源主要包括以下四个方面的内容。

1. 全托管模式：简化供应链、优化成本

"四小龙"成功的秘诀之一在于它们所采用的全托管模式。这种模式让卖家只需负责供货和质量控制，而店铺运营、物流、客服和售后等环节均由平台承担。这不仅极大降低了卖家的运营成本，也使得平台能够更有效地控制产品质量和消费者体验，从而在激烈的市场竞争中占据优势。

2. 多元市场布局：从北美到全球

除了在北美市场的强劲表现外，"四小龙"还积极拓展法国、巴西、日本、韩国、东南亚、中东等多元市场。它们的成功不仅体现在用户规模的快速增长，更在于能够根据不同市场的特点制定差异化的发展策略、满足不同消费者的需求。

3. 创新营销：品牌与用户的深度互动

在营销策略上，"四小龙"展现了高度的创新性和灵活性。无论是 Temu 在超级碗上的豪掷广告，还是 SHEIN 的精准市场定位，或是 TikTok Shop 充分利用短视频平台的巨大流量，它们都能够有效地与消费者建立深度连接，提升品牌影响力。

4. 未来展望：服务与效率的竞争

随着全球电商市场的发展，价格战将逐渐让位于服务和效率的竞争。"四小龙"在未来的发展中必将更加注重物流时效、客户服务和技术创新，以满足消费者对高效、便捷购物体验的追求。

"电商出海四小龙"的崛起，不仅标志着中国电商在全球市场的影响力日益增强，也预示着跨境电商行业将迎来更加多元化和高质量的发展阶段。我们有理由相信，这四股新势力将继续在全球电商产业中扮演重要角色，并为消费者带来更多惊喜。

资料来源：刘叶琳. 培育跨境电商龙头企业按下加速键［N］. 国际商报，2024 - 08 - 07（003）.

二、广州发展跨境电商的政策建议

广州的跨境电商发展策略可以从以下几个方面着手。

一是政策支持。未来应继续加强政策支持，简化跨境电商企业的注册、审批流程；提供税收优惠、财政补贴；吸引更多的企业和资本进入跨境电商领域，并保障跨境电商健康发展；创新监管机制，如采用大数据、人工智能等技术手段提高监管效率和效果。

二是产业生态体系建设。广州需要进一步构筑具有本地特色的跨境电商产业生态体系，包括加强与本地制造业的融合、提升全产业链的整体竞争力。在产业基础方面，广州应依托其强大的制造业基础，继续鼓励企业加强研发设计、品牌建设和市场营销，提升产品附加值和市场竞争力，培育一批具有国际竞争力的品牌。

三是物流与供应链优化。物流是跨境电商的关键环节。广州应利用其地理优势完善物流服务体系、提高物流效率和服务质量。可以考虑建立供应链协同平台，实现供应链各环节的信息共享和资源整合，优化跨境电商的供应链管理。此外，构建全球供应链核心枢纽也是提高广州竞争力的重要策略。

四是市场多元化与品牌建设。广州应继续拓展国际市场，特别是"一带一路"共建国家和地区。同时，加强本土品牌的国际化推广，提升品牌影响力和市场占有率。要讲好广州故事，提升广州品牌的文化价值和市场认可度。

　　五是强化数字赋能。随着数字经济的发展以及人们全球网购的习惯形成，跨境电商也需要不断依托数字技术来创新其商业模式。广州可以探索使用人工智能等技术来优化运营效率和客户体验，建设可视化智能交易平台，涵盖商品展示、交易撮合、支付结算、物流跟踪等功能。创新服务模式，提供个性化、定制化的解决方案，提供一站式服务。

第三章　市场采购贸易

近年来，作为三种主流外贸新业态中的一种，市场采购贸易也取得了长足的发展，为我国外贸和经济增长发挥了重要作用。

第一节　我国市场采购贸易的发展状况

一、市场采购贸易概念

根据《海关总署关于市场采购贸易监管办法及其监管方式有关事宜的公告》规定，市场采购贸易方式是指由符合条件的经营者在经国家商务主管部门认定的市场集聚区内采购的、单票报关单商品货值15万（含15万）美元以下，并在采购地办理出口商品通关手续的贸易方式。

市场采购贸易（贸易代码：1039）为专业市场"多品种、多批次、小批量"外贸交易所创设，实行"一划定、三备案、一联网"管理体制，即划定采购地，对代理商、采购商、供货商备案，将交易信息纳入联网信息平台。

市场采购贸易的流程一般分为贸易经营资格获取、市场采购贸易、检验检疫、海关通关、结汇和退税五大环节，环环相扣。

其特点有：

第一，简约化。市场采购贸易集中展销、集中采购、集中通关，且对贸易经营资格获取、检验检疫等环节进行优化，使代理商、采购商、供货商的外贸活动更加便捷。

第二，低门槛化。市场采购贸易准许没有出口资质的市场主体通过中间商参与出口贸易，大幅度降低了外贸出口的准入门槛。

第三，出口贸易内贸化。市场采购贸易的采购、检验等流程均在境内完成，在完成所有必需流程后，再将货物运输出境。实质上，市场采购贸易可以视为内贸形式的外贸出口。

二、我国市场采购贸易的发展历程和分布

2013 年我国开设第一个市场采购贸易方式试点——义乌，2015 年第二批增设 2 个，2016 年第三批增设 5 个，2018 年第四批增设 6 个，2020 年第五批增设 17 个。2022 年 9 月 27 日，商务部、发展改革委等 7 部门联合印发《关于加快推进市场采购贸易方式试点工作的函》，再次增设 8 家市场采购贸易方式试点。截至 2023 年底，市场采购贸易方式试点达到 39 家，其分布如下。

东部地区：浙江省义乌市小商品批发市场、江苏海门叠石桥国际家纺城、浙江海宁皮革城、江苏省常熟服装城、广东省广州市花都皮革皮具市场、山东省临沂商城工程物资市场、河北省白沟箱包市场、温州（鹿城）轻工产品交易中心、泉州石狮服装城、亚洲国际交易材料交易中心、中山市利和灯博市场、辽宁西柳服装城、浙江绍兴柯桥中国轻纺城、浙江台州路桥日用品及塑料制品交易中心、浙江湖州（织里）童装及日用消费品交易管理中心、福建晋江国际鞋纺城、山东青岛即墨国际商贸城、山东烟台三站批发交易市场、广东汕头市宝奥国际玩具城、广东东莞市大朗毛织交易中心、深圳华南国际工业原料城、天津王兰庄国际商贸城、河北唐山国际商贸交易中心，共计 23 个市场采购贸易方式试点。

中部地区：湖北省武汉汉口北国际商品交易市场、湖南高桥大市场、安徽蚌埠中恒商贸城、河南中国（许昌）国际发制品交易市场、湖北宜昌三峡物流园、吉林珲春东北亚国际商品城、黑龙江绥芬河市青云市场、江西景德镇陶瓷交易市场，共计 8 个市场采购贸易方式试点。

西部地区：成都国际商贸城、云南昆明俊发·新螺蛳湾国际商贸城、内蒙古满洲里满购中心（边贸商品市场）、广西凭祥出口商品采购中心（边贸商品市场）、云南瑞丽国际商品交易市场（边贸商品市场）、重庆市大足龙水五金市场、新疆阿拉山口亚欧商品城、新疆乌鲁木齐边疆宾馆商贸市场，共计 8 个市场采购贸易方式试点。

试点的分布具有以下特征：第一，范围涵盖东、中、西部多个省份，实现了空间上的区位均衡；第二，其中以东部地区设点最多，反映东部地区在外贸领域的优势；第三，市场采购贸易方式试点的增加呈现由东部向中部，再向西部逐渐扩散的趋势；第四，市场采购贸易方式试点的设立与试点城市的优势产业密切相关，如海宁皮革、花都皮具、白沟箱包、石狮服装、佛山家具、中山灯饰等。

三、我国市场采购贸易发展成效

市场采购贸易方式自义乌设点以来取得了不菲的成就，其出口额占全国贸易出口额比例在不断上升。如表 3.1 所示，出口占比在 2012 年时为 0.24%，发展至今，已接近 5%。

表 3.1　中国市场采购出口额、增长率以及在总出口额中的占比

年份	全国市场采购贸易出口额（亿元）	增长率（%）	全国贸易出口额（亿元）	市场采购贸易的出口占比（%）
2012	310.3	0.0	129 359	0.24
2013	814.5	162.5	137 131	0.59
2014	1 092.4	34.1	143 884	0.76
2015	1 771.7	62.2	141 167	1.26
2016	2 039.0	15.1	138 419	1.47
2017	3 139.6	54.0	153 309	2.05
2018	3 656.1	16.5	161 129	2.27
2019	5 629.5	54.0	172 374	3.27
2020	7 043.1	25.1	179 279	3.93
2021	9 303.9	32.1	216 908	4.29
2022	8 883.8	−4.52	239 654	3.71

资料来源：张雪梅. 市场采购贸易高质量发展研究［J］. 市场论坛，2024（3）：29–35.

海关统计数据显示，现有市场采购出口高度集中于浙江与广东。2019年，两省合计占全国市场采购出口总额的近九成。其中，浙江市场采购出口2 598亿元，出口贡献率近3成，成为该省仅次于一般贸易的第二大贸易方式；广东市场采购出口2 393.4亿元。其他有试点的7个省份年出口额都在

200 亿元以下，最高的山东才 186.2 亿元。[①]

从试点城市看，义乌和广州是仅有的两个市场采购出口超千亿元的城市，其后有佛山、温州、临沂、泉州、中山等。个别城市出口额长期在低位徘徊。

第二节　广州市场采购贸易的发展现状

一、广州市场采购贸易发展历程

1. 花都发展市场采购贸易的优势。广州是全国市场采购贸易方式广东省首个试点城市，经过多年的探索，已发展成为紧随浙江义乌之后的全国第二大市场采购贸易方式试点城市。

花都作为"中国皮具之都""中国音响之都""中国化妆品之都""中华珠宝之都"，产业基础雄厚，商品种类丰富，符合市场采购贸易"多品种、多批次、小批量"的特征。而且，花都在区位方面具有较大的优势：地处广州国际航空枢纽的核心区域，拥有完善发达的空、铁、水、陆立体交通网络。

2. 广州花都市场采购贸易发展历程。

2016 年 12 月 9 日，广东省人民政府办公厅发布《关于在广州花都皮革皮具市场开展市场采购贸易方式试点工作的实施方案》，提出全面推进广州花都皮革皮具市场采购贸易方式试点工作，确定了市场采购贸易的流程与相关政策措施，流程包括备案环节、交易环节、组货环节、通关环节、结算环节和免税申报环节。相关政策措施涵盖经营主体准入、海关监管、检验检疫监管、质量监督、税收管理和外汇监管六个方面。

2020 年 10 月 15 日，广州市人民政府办公厅发布《广州市人民政府办公厅关于印发广州市市场采购贸易综合管理办法的通知》，进一步就市场采购贸易交易和监管流程、市场采购贸易商品认定体系等进行规范。

二、广州市场采购贸易发展的成就

自设点以来，广州不断改革创新、完善平台和机制建设，市场采购贸易

---

① 揭昊. 市场采购贸易方式试点研究［J］. 管理现代化，2021，41（2）：87 – 91.

发展取得巨大成就。

1. 建设广州市场采购贸易联网信息平台。以广州国际贸易"单一窗口"为依托建立的公共服务平台——广州市场采购贸易联网信息平台，覆盖主体备案、供货商（商户）交易登记、组货装箱、报关/报检、查验/放行、免税管理、收结汇管理等市场采购贸易全流程。

2. 建成国际贸易综合服务中心。国际贸易综合服务中心的设立提升了市场采购贸易的便利性。国际贸易综合服务中心占地面积约 2 400 平方米，是集涉外行政审批和公共服务于一体的一站式综合服务中心。关、检、商务、税务、知识产权、市场监管、报关行、中信保、市场管理公司、镇街等职能部门与机构均已进驻综合服务中心对外办公，为市场采购贸易经营者提供一站式行政审批和公共服务。

3. 开展商品出口价格联合监测。根据海关历史申报价格沉淀形成数据库，实现市场采购出口商品价格的实时监测。对价格差异较大、波动较大等异常交易进行及时预警，为监管部门决策提供真实准确的信息支撑，有效维护了市场秩序。

4. 推行区域通关一体化模式。广州在花都海关、机场海关、南沙海关实现关内互通，以区域通关一体化模式推进市场采购贸易。有效提高了市场采购贸易主体在通关方面的效率，同时也增加了信息互联互通的程度，有利于政府规制。

三、广州市场采购贸易发展的绩效

2017 年，花都区历史上首次年进出口额突破百亿美元大关，其中，试点供货商户通过市场采购贸易方式出口 123 亿美元（折合人民币约 815.2 亿元），出口货物 210.4 万吨。[①]

截至 2023 年 5 月，广州花都试点供货商户以市场采购贸易方式出口累计超 1 200 亿美元，其中对"一带一路"共建国家出口超 600 亿美元；通过航空运输累计发送货物 50 万吨，货值超 210 亿美元，成为附近白云机场货运量增长的重要引擎；累计出口标准集装箱数量超 160 万个，在全国试点中排名

---

① 石茂胜，朱文远，石睿. 市场采购贸易新模式的新实践［J］. 小康，2021（11）：84 – 87.

第二。①

截至 2024 年 5 月，花都试点区域已注册个体工商户近 5 000 家，以市场采购贸易方式出口超过 26 万票；出口商品涉及 58 个大类，主要包括服装、皮革皮具、塑料制品、电子产品、日用百货等 2 000 多个品种。出口区域广泛，覆盖欧洲、美国、中东等多个国家和地区。②

此外，广州花都还致力于市场采购贸易政策的推广。2023 年 5 月，第 133 届广交会第三期开展，花都区市场采购贸易服务中心首次在广交会开设广州花都国家级市场采购贸易方式试点展示专区，专门用于宣传推介市场采购贸易政策。

第三节　义乌市场采购贸易的发展经验

一、义乌市场采购贸易发展历程

1. 义乌发展市场采购贸易的优势。义乌小商品市场经营面积 640 余万平方米，商位 7.5 万个，汇集 26 个分类、210 多万种商品。商品丰富、品种繁杂，产品更新快。作为全球最大的小商品集散中心，义乌小商品市场是全国 200 万家中小企业开展国际贸易的重要窗口和平台，承担着重要的出口和创汇功能。

2. 义乌市场采购贸易的发展历程。在市场采购贸易方式产生之前，早期义乌小商品的出口方式为"旅游购物"。2007 年，海关总署为了支持义乌小商品市场出口发展，增列"0139"监管方式，为境外旅游者用自带外汇购买或委托境内企业托运出境 5 万美元以下的旅游商品或小批量订货提供简化通关便利。这一模式允许拼箱组柜、简化归类，但是该模式未能解决出口环节的商检、税收、收结汇等问题，货物溯源难、监管难，且存在逃税隐患，在相当程度上制约了义乌市场商品出口。与之相适应的体制改革创新迫在眉睫。

2011 年 3 月，国务院下发《国务院关于浙江省义乌市国际贸易综合改革

---

① 周甫琦，朱哲桐．加快打造广州发展北部增长极［N］．南方日报，2023 – 07 – 29（AA3）.
② 周甫琦，彭琳，龚晶．花都构建现代产业体系［N］．南方日报，2024 – 11 – 01（A05）.

试点总体方案的批复》，批复浙江省义乌市开展"国际贸易综合改革试点"。2012 年 1 月，国务院办公厅印发《推进浙江省义乌市国际贸易综合改革试点重点工作分工方案》，确认市场采购贸易方式的重要地位。2013 年 4 月，商务部、外汇局等 8 部门联合印发《关于同意在浙江省义乌市试行市场采购贸易方式的函》，批准义乌市自 2013 年 4 月 18 日起正式试行市场采购贸易方式。2014 年 7 月，海关总署发布《市场采购贸易海关监管办法》，增列市场采购海关监管方式（海关监管方式代码"1039"）。

2014 年 11 月，根据义乌市场特点量身定制的"市场采购贸易"正式落地。从"0139"到"1039"，所实现的不仅仅是简单的代码变更、数字换位，而是贸易程序上的"加减乘除"，减的是工序、加的是便捷、乘的是效应、除的是障碍。

自市场采购贸易方式获批以来，义乌积极推动贸易体制机制创新，推出一系列便利化、规范化举措，在海关、检验检疫、跨境结算、税收管理、商事主体管理等方面进行改革优化。

二、义乌市场采购贸易成效

根据《2023 年义乌市国民经济和社会发展统计公报》，义乌 2023 年市场采购贸易出口额为 3 885.0 亿元，增长率为 18.9%，占全市出口额的比重为 77.6%。由表 3.2 可知，义乌市场采购贸易占出口比例在 2019 ~ 2023 年为 74.2% ~ 81.7%，是义乌外贸创收、经济增长的强势引擎点。

表 3.2　近五年义乌市场采购贸易出口额、增长率和占比

年份	市场采购贸易出口额（亿元）	增长率（%）	占全市出口额的比重（%）
2019	2 343.5	15.0	81.7
2020	2 230.8	-4.9	74.2
2021	2 901.5	30.1	79.3
2022	3 264.2	12.6	75.7
2023	3 885.0	18.9	77.6

资料来源：熊万胜，严子泳. 平台地方市场何以形成？——基于义乌市场转型的调查 [J]. 社会学研究，2024，39（4）：92 - 113.

义乌市场采购十年发展成就如表 3.3 所示。

表 3.3　义乌市场采购十年发展成就

事项	成就	备注
出口额（2022）	占全国 1/55、浙江省 1/8	
线上收结汇（2022）	453 亿美元	节约企业时间约 113 万小时
市场主体	100 多万家	占全国 5%、浙江省 10%
物流网络辐射	全国 1500 多个县级以上城市、全球 700 多个枢纽城市	
海外仓	210 个	遍布 50 多个国家
出口集装箱	占宁波舟山港重箱约 1/7	

资料来源：潘毅刚. 新时代义乌全面改革开放的经验和启示 [J]. 浙江经济，2024（8）：79.

此外，义乌市场经营主体在 2023 年时破百万，出口退税破百亿元，成为全国首个年快递量超百亿件的县级市。

可见，发展市场采购贸易是符合义乌特点的正确道路，其在十年发展历程中所积累、沉淀的经验，不仅是义乌的宝贵财富，也为其他试点城市提供了借鉴。

三、义乌发展市场采购贸易的经验

1. 持续优化管理模式。近年来，义乌持续优化管理模式，最近又推出了义乌"市场采购 2.0 改革"，为义乌的市场采购贸易事业发展提供长足的动力。

"市场采购 2.0"的关键在于三点：升级监管链、畅通贸易链和拓展服务链。义乌通过改革优化，使义乌小商品出口逐步实现"管得住、通得快、可溯源"，为全国专业批发市场的国际化发展提供了范式。

2. 推进数字化、构建信息化平台。自 2014 年起，义乌进行了市场采购贸易联网信息平台（http：//trade. yw. gov. cn/）一期项目的建设，并在 2016 年和 2018 年分别进行了二期项目和三期项目的建设。目前，市场采购贸易联网信息平台的功能架构包括主体备案管理、市场采购商品认定、检验检疫、报关单溯源、免税备案、外汇结算等 6 个核心业务子系统。

依托 Chinagoods 平台，义乌打通数字化贸易链条，将市场采购贸易的诸多主体，如市场商户、外商、外贸公司、组货人、报关行等纳入贸易服务闭环，加快数字化交易/跨境支付、数字化物流运输和数字化组货拼箱等数字化程序进程，并重点推进贸易 O2O 化（线上线下一体化）。同时，对相关服务内容，如公共服务、口岸服务、争议解决机制等进行数字化升级，简化物流、仓储、海关、许可证、税务、结算、清算、汇兑等贸易流程。为市场采购贸易主体打通进行外贸出口的障碍，提高其贸易效率。

3. 推进贸易程序便捷化。在便捷化方面，义乌推进市场采购治理端平台与 Chinagoods 服务端平台融合，打通数字贸易全链路服务，上线采购宝、货款宝等一批特色数字化应用平台。

"采购宝"是市场采购 2.0 体系的核心组件。在提高效率和服务水平方面，"采购宝"具有以下特点：第一，提供 200 多条海陆空铁跨国专线的可视化物流跟踪，实时更新物流信息；第二，交易清单溯源，支持"谁出口、谁结汇"，降低银行卡冻结风险，且操作更为便捷；第三，基于贸易数据，提供便捷、低成本的在线融资服务，提高资金使用率；第四，运用数字化手段，支持用户在线精准、高效地"识图找货、直播找货、专区找货"，有效提高选品效率；第五，在订单信息生成后，其自动备案采购商订单，附加出口信用保险，为订单的安全保驾护航。此外，"采购宝"还具备库位预约、采购单管理、安全结汇等模块功能，集多项便捷功能于一体。

4. 对中小企业发展市场采购贸易给予精准扶助。义乌在全方位鼓励中小微企业和积极开展"市场采购 +"方面也有所作为：一方面，义乌出台相关政策措施支持中小微企业，主要体现在收结汇和融资方面。在收结汇方面，义乌在全国率先落地"小微企业版"市场采购贸易收结汇，进一步简化结汇流程。小微企业直接收结汇，不仅提高了结汇效率，同时也降低了企业风险，直接惠及小微企业 20 万家。另一方面，在《义乌市 2023 年开放型经济发展扶持政策》中，义乌提出继续支持市场采购出口信用险项目和一般贸易小微企业出口信用保险政府统保项目，有效降低企业的外贸风险。

5. 实现强强合作。2019 年 6 月，义乌市政府与阿里巴巴集团签署 eWTP（世界电子贸易平台）战略合作协议。2020 年 6 月，阿里巴巴集团与义乌中国小商品城集团签约成立合资公司，建设 eWTP 义乌公共服务平台，为当地从事市场采购贸易的中小企业提供数字化的出口服务。

6. 推动不同业态融合发展。义乌不断创新市场采购贸易方式，与跨境电商、中欧班列、海铁联运等新业态新模式加速融合发展。例如，义乌的"市场采购＋保税"流程为通过义新欧、义甬舟、义乌机场等进入综保区、B保等海关特殊监管场所的入境货物可以与义乌的市场采购出口货物进行集拼之后再转口至第三国，从而降低了企业的经营成本。此外，还有义乌—阿里巴巴"市场采购＋跨境电商"出口新模式以及"市场采购＋美森快船""市场采购＋中欧班列""市场采购＋空运"等新模式。

第四节　推动广州市场采购贸易发展的对策

一、借鉴义乌创新改革"容错免责"机制

义乌作为市场采购贸易方式试点的先锋者，充分利用温州率先推行的改革"容错免责"机制，对在试点过程中所产生如"未能完全实现即期目标、改革过程中出现副作用"等问题，在基于事实所进行的合理判断的基础上，对相关人员进行容错、免责。鼓励其总结错误，以问题为导向，引导解决市场采购贸易试点过程中所出现的痛点、难点。

广州的市场采购贸易发展至今已近8年，已经形成了一套广州特色的发展模式。但新的问题不断涌现，如收汇率偏低、税收管理问题频现，迫切需要进行大胆的改革创新。对此，广州可以借鉴义乌创新改革"容错免责"机制，在市场采购贸易领域大胆创新，鼓励管理部门敢想敢试、鼓励市场主体勇于创新。当然，在该过程中也需要避免"容错免责"机制的滥用，需要相关监督管理配套措施的落地，合力推动在市场采购贸易方面取得更为辉煌的成就。

二、加大数字化发展力度

义乌的信息管理体系建设、平台众多、数字赋能特征明显，具体包括Chinagoods服务端平台、采购宝等，功能强大。而广州的信息管理平台建设主要是以广州国际贸易"单一窗口"为依托建立的公共服务平台——广州市场采购贸易联网信息平台，更多地为规范性服务，在促进便捷性方面仍有不

足，迫切需要建设如采购宝等特色数字化应用平台。

三、推动市场采购与跨境电商、外综服等新业态融合发展

"市场采购＋"有多种的实现渠道，这一点在上面的义乌经验中已有介绍。作为贸易新业态多种模式中较为重要的一种，市场采购贸易与跨境电商、外贸综合服务等其他贸易新业态模式有密不可分的联系。尤其在数字化进程显著加快之后，贸易新业态不同模式之间的联系更为紧密。广州可以统筹市场采购与其他新业态的协同发展，如"市场采购＋跨境电商""市场采购＋外贸综合服务""市场采购＋中欧班列"等，以促进外贸发展，收到"1＋1＞2"的功效。

四、推动市场采购贸易出口市场多元化

时至今日，花都市场采购贸易试点已成为内联珠三角制造业中心、外接"一带一路"全球市场的重要节点之一。不过，在中美贸易冲突、经济下行等背景下，积极开拓新的市场采购贸易出口市场具有十分重要的意义。积极开拓新市场能够切实有效地增强花都市场采购贸易试点的区域带动力、辐射影响力，带动广州外贸、经济的稳定增长。具体而言，可以开拓金砖国家、非洲市场、南太平洋等市场。

第四章 外贸综合服务

第一节 我国外贸综合服务的发展现状

一、外贸综合服务的定义

外贸综合服务是指外综服企业接受国内外客户委托依法签订综合服务合同，依托综合服务信息平台为客户代为办理包括报关报检、物流、退税、结算、信保、融资等在内的综合服务业务。

2013 年 7 月 24 日的国务院常务会议指出，针对中国经贸环境复杂严峻、进出口增速均明显放缓等问题，提出支持外贸综合服务企业等六项举措。在这次会议中正式提出"外贸综合服务企业"这一称谓。

外贸综合服务企业利用信息化手段整合传统外贸供应链中各环节资源，在合规的前提下进行标准化作业。

外贸综合服务企业的出现是我国外贸业务模式的创新，通过为中小微企业提供进出口环节相关服务降低了中小微外贸企业的成本，提升了中小微企业的出口效率，让中小型企业和个人做外贸更加容易、更加省心。

外贸综合服企业的服务内容包括基础服务（装箱出运与报关出口、收汇认领与核销、工厂开票结算、退税申报等）、金融服务（信用证收款项下融资、赊销订单融资、库存质押融资）、特色服务（物流货代船运服务等）三个方面。

二、外贸综合服务的主体和流程

总的来说，外综服新业态具有"流程化零为整、专业代理服务"的特点，表现为"两主体、一平台、多流程"结构，即综服企业和生产企业各自独立分工，依托在线平台联系和开展业务，"一条龙"综合办理多项流程。具体情况如表4.1所示。

表 4.1　外贸综合服务的主体和流程

大结构	小结构	性质	现状及功能特点
两主体	外综服企业	专业代理各项业务的企业	代理服务企业应具备进出口专业、互联网技术应用和大数据分析处理能力，建立较为完善的内部风险防控体系
	生产企业	专注于生产的企业	将除生产外的各项业务外包的企业生产能力集约化，获得规模收益
一平台	综合服务信息平台	外综服企业设立的在线承揽和磋商外贸的网上空间	外综服企业和生产企业主要通过在线平台签订协议、交换信息和开展业务
多流程	贸易磋商	打开新的业务空间	外综服企业为生产企业寻找国外贸易伙伴和渠道、协助审查资信、拟定贸易合同（货权仍为生产企业）
	报关	代理完成报关手续	外综服企业行使"报关行"功能，以代理方式向海关报关，并与生产企业一起对货物负责、接受海关监管
	结汇	代理完成跨境收付汇手续	根据合同情况，进出口主体负责收付汇、外综服企业办理手续
	退税	代理完成出口退税手续	外综服企业以代理名义集中申报退税，税务部门向生产企业退税
	协助融资	解决外贸资金流动问题	外综服企业有一定的银行授信额度或自身储备资金，为生产企业协助办理贷款，或提供信用证、舱单质押、出口退税等服务

　　外综服全流程代理外贸业务不是一揽子办理，仍是分段办理，分别适用不同部门的规定。在海关监管方面根据外综服企业特点开展单独的信用认证和分类管理，但不实施特殊通关程序，与一般贸易同等开展监管和统计；在出口退税方面，实施"申退分离"，区分退税申报和收款的权责主体；在外汇方面，实施收支主体总量核查，即"谁出（进）口、谁收（付）汇"；在融资方面，地方部门对综服企业给予信用担保和多元化融资支持。①

---

① 郭永泉. 中国外贸新业态比较及发展策略研究［J］. 海关与经贸研究，2020，41（2）：57-71.

三、外贸综合服务业态的特征

1. 服务一体化带来便利。外贸综合服务企业提供的服务一体化能使双方供应链和数据实现对接，提高运作效率。外贸综合服务企业可以提供一系列相关服务商的资源，出口商可以根据资源按需选择，足不出户就能轻轻松松在线上完成这些工作。

2. 快速的融资渠道。外贸企业通过外贸综合服务企业进出口之后，其在海关、保险、物流等环节的相关业务数据就会在平台中沉淀下来。这些数据成为获取银行融资的有力依据，银行也可以据此给企业贷款。另外，外综服平台也可以为客户提供直接的贸易融资，降低中小型企业的融资风险，并通过规模化运作提高效率。

3. 更快速的退税服务与优惠的退税补贴。中小外贸企业独立完成通关、退税等环节耗时耗力、通关效率低、资金回笼较慢：通关 2~3 天，融资需要10 天或更长时间，退税 3~6 个月。外贸综合服务企业为海关与银行提供真实可信的交易数据，为出口商提供耗时短的退税服务，后者最快 1~3 天能收到退税款项。

4. 通过提供服务获得收入。外贸综合服务企业以服务创造价值，并不直接参与贸易经营，其提供服务的价格就是代理费的价格，不以买卖差价来赚取利润。

四、我国外综服业态发展的现状

外贸综合服务发展速度较快。截至 2023 年，据企查查数据，国内现有的企业数量在 1.2 万家以上，能够为大量客户提供专业服务。

当前，我国外综服发展处于探索完善阶段，在地域分布上不平衡。外综服业态主要集聚在广东与江浙地区，数量在 4 000 家以上，而国内其他地区平台及企业数量相对不足。

据表 4.2 所示，国家自 2013 年开始至今多次发文促进外贸综合服务的发展。

表 4.2　国家支持政策

时间	发布部门	文件名称	内容
2013 年 7 月	国务院	《关于促进进出口稳增长、调结构的若干意见》	充分发挥外贸综合服务企业的作用，为中小企业出口提供通关、融资、退税等服务，抓紧研究促进外贸综合服务企业发展的支持政策
2015 年 2 月	国务院	《关于加快培育外贸竞争新优势的若干意见》	加快培育新型贸易方式，培育一批外贸综合服务企业，加强其通关、物流、退税、金融、保险等综合服务能力
2016 年 5 月	国务院	《关于促进外贸回稳向好的若干意见》	加大对外贸新业态的支持力度……加快建立与外贸综合服务企业发展相适应的管理模式，抓紧完善外贸综合服务企业退（免）税分类管理办法
2020 年 11 月	国务院	《关于推进对外贸易创新发展的实施意见》	创新业态模式，培育外贸新动能……促进外贸综合服务企业发展，研究完善配套监管政策
2021 年 7 月	国务院	《关于加快发展外贸新业态新模式的意见》	进一步支持外贸综合服务企业健康发展。引导外贸综合服务企业规范内部风险管理，提升集中代办退税风险管控水平。进一步落实完善海关"双罚"机制，在综合服务企业严格履行合理审查义务，且无故意或重大过失情况下，由综合服务企业和其客户区分情节承担相应责任。到 2025 年，适应综合服务企业发展的政策环境进一步优化
2021 年 11 月	商务部	《"十四五"对外贸易高质量发展规划》	发挥外贸综合服务企业带动作用。进一步厘清外贸综合服务企业权责，完善政策框架体系。鼓励各地创新配套措施，支持外贸综合服务企业为更多中小企业提供服务。引导外贸综合服务企业规范内部风险管理，提升风险管控水平，支持建设集成外贸系统服务和畅通外贸要素流动的高效平台

第二节　广州外贸综合服务的发展现状

一、广州外贸综合服务的发展历程

20 世纪 90 年代末，广州外贸进入了一个高速发展时期。外资企业的进入为广州外贸带来了更多的机会，同时提高了产品质量和竞争力。在这一阶段，广州外贸综合服务企业开始逐渐形成，他们通过提供多元化的外贸服务，如供应链管理、国际物流、报关报检等，满足了外贸企业的多样化需求。

进入 21 世纪后，随着全球化进程的加速和国际贸易环境的不断变化，广州外贸综合服务企业开始注重专业化和规模化发展。

在专业化发展层面，广州外贸综合服务企业开始专注于某一领域或某一行业的外贸服务，通过提供专业的服务内容和解决方案提高服务质量和效率。例如，有的企业专注于跨境电商服务、有的企业专注于汽车出口服务等。

在规模化发展层面，随着市场规模的扩大和服务需求的增加，广州外贸综合服务企业通过扩大服务网络、增加服务种类等方式提升整体竞争力。一些企业开始在全国范围内设立分支机构，形成覆盖全国的服务网络。

在信息化发展层面，广州外贸综合服务企业还积极利用互联网和信息技术手段，推动服务模式的创新。他们通过大数据分析、人工智能等技术提供更加便捷、高效、智能的外贸服务。这些创新不仅提高了服务效率和质量，也为企业赢得了更多的客户和市场。

二、广州支持外贸综合服务的政策

据表 4.3 所示，广东省、广州市各市辖区多次发布政策促进外贸综合服务业态的发展。

表 4.3　广州支持外综服政策文件

时间	发布部门	文件名	重点内容
2014 年 3 月	广州市海珠区	《海珠区 2014 年政府工作报告》	推动规划建设琶洲国际电子商务总部集聚区。以建设国家"跨境贸易电子商务服务试点城市"为契机，培育创新商业模式的大型外贸综合服务企业
2014 年 5 月	广东省人民政府办公厅	《广东省支持外贸稳定增长实施方案的通知》	培育外贸综合服务企业。对外贸综合服务企业融资贷款给予贴息支持。外贸综合服务企业以自营方式出口国内生产企业与境外单位或个人签约的出口货物，符合规定的可由外贸综合服务企业按自营出口的规定申报退（免）税。支持和引导各地级以上市培育 1~2 家外贸综合服务企业
2014 年 6 月	广东省人民政府办公厅	《进一步促进服务业投资发展若干意见的通知》	促进以生产性服务业为重点的现代服务业投资：支持外贸综合服务企业发展，为中小企业提供出口集成服务

时间	发布部门	文件名	重点内容
2015 年 7 月	广州市商务委等	《促进外贸综合服务企业发展实施意见的通知》	培育和发展外贸综合服务企业、加快形成我市外贸竞争新优势、推动外贸转型升级、对符合条件的企业进行扶持
2016 年 5 月	广州市人民政府办公厅	《促进进出口稳定增长的若干意见》	培育和引进外贸综合服务企业，加大宣传和支持力度，鼓励外贸综合服务企业做好中小生产企业的通关、物流、退税、外汇、信保、融资等服务
2017 年 4 月	广州市人民政府办公厅	《广州市财政改革与发展第十三个五年规划（2016—2020 年）的通知》	发挥广州大商贸、大物流优势，支持国际贸易"单一窗口"和国家服务贸易创新发展试点城市建设，扶持保税贸易、融资租赁、旅游购物、小商品出口、市场采购和外贸综合服务企业等新业态的发展
2017 年 4 月	广州市人民政府办公厅	《广州服务经济发展规划（2016—2025 年）的通知》	搭建服务于加工贸易转型升级的技术研发、工业设计、知识产权等公共服务平台，扶持和培育外贸综合服务企业，为中小企业提供通关、融资、退税、国际结算等服务
2017 年 9 月	广州市人民政府办公厅	《加快广州跨境电子商务发展若干措施（试行）的通知》	引导和帮助实体零售企业开展跨境电子商务零售进口业务，扶持各类外贸综合服务企业、综合型或垂直型电商平台拓展跨境电商业务，鼓励各种商业模式创新
2018 年 7 月	广州市南沙区	《广州南沙新区（自贸片区）促进外贸综合服务企业发展扶持办法》	进一步营造市场化法治化国际化营商环境，打造高水平对外开放门户枢纽，加快建设广州南沙新区城市副中心，培育和促进外贸综合服务企业在南沙集聚发展，支持外贸新业态发展，优化外贸结构，加快形成我区外贸竞争新优势，推动外贸转型升级
2019 年 7 月	广州市商务局	《关于市政协十三届三次会议第 2064 号提案答复的函》	继续扶持综合贸易服务企业发展。联合海关、税务、外汇等监管部门，落实各项扶持政策，加大宣传力度，为外贸综合服务企业发展打造良好环境。协调银行、基金、政策性保险等金融机构，帮助外贸综合服务企业提高资信等级和贷款额度，加大对企业建设、拓展客户规模的资金扶持，降低企业的融资成本。引导和扶持外贸综合服务企业对接中小外贸企业、跨境电商企业，鼓励与跨境电商、市场采购等贸易新方式相结合，创新业务模式和拓展客户规模，鼓励外贸综合服务企业做大做强

续表

时间	发布部门	文件名	重点内容
2019 年 8 月	广州市商务局	《培育外贸综合服务示范企业和成长型企业的通知》	培育一批业务发展规范、服务能力较强、规模增长较快的综服企业，授予"外贸综合服务示范企业"称号（以下简称示范企业）或"外贸综合服务成长型企业"称号（以下简称成长型企业）。商务、海关、税务、外汇管理等部门对示范企业和成长型企业给予重点扶持
2021 年 5 月	广州市人民政府	《广州市国民经济和社会发展第十四个五年规划和 2035 年远景目标纲要的通知》	出台实施跨境电子商务发展支持政策，深入推进中国（广州）跨境电子商务综合试验区建设。引导传统外贸企业借助跨境电子商务转型升级。建成布局合理、功能优化、服务完善的跨境电子商务园区。支持跨境电子商务企业"走出去"，在重点国家、地区建设一批海外仓。推进国家市场采购贸易集聚区及试点拓展区建设，培育一批市场采购龙头企业。鼓励发展外贸综合服务、数字贸易等新业态
2023 年 8 月	广东省海关分署	《支持广东优化营商环境推动全省外贸稳规模优结构 20 条措施》	聚焦提升进出口通关效率、支持广东扩大进出口、帮助企业减负增效、服务广东外贸创新发展、促进广东跨境贸易便利化等方面，进一步释放政策红利，提振企业信心
2024 年 6 月	广州市商务局	《2024 年广州市促进跨境贸易便利化工作方案》	围绕提升通关效率、促进外贸新动能、服务贸易与货物贸易融合、提升口岸信息化智能化水平、规范和降低进出口环节税费、提升企业获得感满意度等六方面推出 33 项工作措施，强化改革创新，提升通关效率

三、广州外贸综合服务的现状

根据企查查数据，截至 2024 年 8 月，广州市外贸综合服务企业数量达 1 356 家。而广东省外贸综合服务企业数量为 1 944 家，广州占广东的 70% 以上，居广东乃至全国第一位。表 4.4 列出了各城市外综服企业数。

表 4.4　各地外综服企业数

城市	外综服企业数（家）
广州	1 356
深圳	280
海口	787

续表

城市	外综服企业数（家）
南京	106
济南	95
武汉	98
北京	227
苏州	75

资料来源：根据企查查数据整理。

第三节　深圳一达通的发展经验

一、深圳一达通简介

深圳市一达通企业服务有限公司是阿里巴巴旗下外贸综合服务平台，也是中国外贸综合服务行业的开拓者和领军者。在过去的 10 余年中，一达通一直致力于持续地推动传统外贸模式的革新。通过整合各项外贸服务资源，一达通目前已成为国内进出口额排名第一的外贸综合服务平台，为中小企业提供专业而低成本的通关、外汇兑换、退税、物流和金融服务等。

2014 年，阿里巴巴集团全资收购了一达通，并将一达通列为阿里巴巴打造外贸生态圈中的重要组成部分。

加入阿里巴巴后，一达通开始更茁壮地成长。在原有产品线外，一达通还与中国七家主要商业银行合作，根据中国供应商的出口数据增加纯信用贷款的金融服务。在物流方面，通过整合船公司和货代资源，一达通为客户提供安全及价格 100% 透明的整柜拼箱服务。一达通秉承"客户第一、拥抱变化、团队合作、诚信、激情、敬业"等企业文化价值观，立足中国，放眼世界，致力成为全球卓越的外贸综合服务平台。

二、深圳一达通的发展历程

一达通成立于 2001 年，是国内第一家面向中小企业的进出口流程外包服务平台。

2010 年底，公司客户数 1 500 家左右，成交金额约 2 亿美元。

2013 年，一达通自助服务平台开放。平台服务企业突破 1 万家，出口额突破 20 亿美元，居全国贸易出口企业百强的第九名。

2014 年，阿里巴巴集团收购一达通。

2015 年启动一拍档项目，为一达通客户提供本地化贴身服务，快速解决客户问题。同年，一达通实现成交金额 150 亿美元，在中国外贸一般贸易出口企业中仅次于华为，居全国第二位。

2016 年一达通开启 2.0 时代，从流程提效、金融创新、本地化服务三个方面升级服务。

2023 年，在一达通平台上出口的企业总计 8 万家以上；出口行业较分散，以电子、纺织行业、服装、机械制造、家装家具居多，出口地 70% 分布在欧美发达国家。

三、深圳一达通发展外贸综合服务的经验

1. 不断创新业务模式。一达通与中国银行联合开发出业内第一个贸易融资系列产品——"融资易"。在国内首创司内设置中国银行外汇结算网点，此网点为中小企业外贸的出口退税、进口开证和出口信用证打包贷款提供无担保、无抵押、零门槛的融资信贷服务。此外，一达通先后推出了中小企业外贸通宝等系列融资产品，极大地便利了中小企业的融资。

2. 提供精准、优质的服务。在物流服务方面，依托于阿里巴巴物流服务平台，一达通的物流服务涵盖中国主要港口与全球贸易区间内的海、陆、空各种物流方式，一达通按需为客户定制最佳物流方案，持续降低物流成本。具体可分为海运、国际空运、国际快递和陆运四种。通过联合各大物流服务商，为客户提供海运整柜和拼箱服务。同时与全球优质空运服务商合作，提供在线查看空运运费、在线比价、在线下单的服务，航线覆盖 170 个目的国和区域，更有拖车、报关等服务。一达通与国际知名快递品牌合作，在客户完成线上下单的支付后，提供快递公司上门取件服务。而陆运服务主要包括中港运输、集港拖车和中俄欧三类服务。

在通关服务方面，以一达通的名义完成全国各口岸海关、商检的申报。一达通拥有海关顶级资质，享受绿色通关通道。退税服务为企业与个人快速

办理退税，加快其资金周转。

在外汇服务方面，一达通提供更方便快捷的外汇结算服务，亦可为客户提供外汇保值服务，提前锁定未来结汇或者购汇的汇率成本，防范汇率波动风险。

3. 适应客户需求，丰富产品线。以金融服务为例，一达通平台上的金融服务主要分为一达通流水贷、超级信用证和保单贷三种。流水贷面向使用阿里巴巴一达通出口基础服务的客户，以出口额度积累授信额度的无抵押、免担保、纯信用贷款服务。

超级信用证包含信用证基础服务和信用证融资两种。信用证基础服务是基于一达通出货的信用证，为商家提供基础的审证、审单、交单、收汇服务，打造一站式信用证专业服务模式。信用证融资服务是为达到条件的商家以借款形式提供信用证交单货款，解决客户的资金需求问题。

保单模式项下保单贷是指对接受一达通服务的企业在外贸环节为其提供买家征信调查、代买保险、尾款融资等一揽子金融服务。

4. 深度挖掘数据价值，直观呈现用户需求。一达通的技术服务优势有三个特点：一是基于数据处理技术的先进平台架构设计，保证平台稳定可靠；二是实现数据与产品的优化组合，帮助客户深入发掘数据价值；三是从用户体验出发，直观地呈现用户需求，通过可视化设计让客户清晰地了解产品的功能和用途。

第四节 推动广州外贸综合服务发展的对策

一、发挥集群优势，做成外综服第一城

由于广州市外贸综合服务企业占到了全省的70%以上，达到了1 300家，因此能产生巨大的集群优势。广州应当充分利用这一优势，争做外综服第一城，推动外贸综合服务业态在资本、人才、数据、平台等方面的聚集，建立外贸综合服务企业、平台、物流公司、展览公司、认证机构等参与的完整产业链和生态链，对政策、法律法规体系做好及时调整，适时出台行业标准。

二、优中选优，培育广州版一达通

广州市要继续培育省级外贸综合服务示范企业和市级成长型企业，推动这些企业做大做强。在企业入驻、品质提升、品牌创建、数字赋能等各方面给予激励扶持，并推进惠企政策落地。扩大孵化力量，加大平台扶助力度。自主培育扎根于广州本土的外贸综合标杆企业，使其向"一达通"看齐。

专 栏

开拓外综、首选恒通

广东省丝丽国际集团恒通贸易有限公司（以下简称恒通公司）成立于2001年，位于广州。

恒通公司从2016年起开始开拓外综业务，是全国首批从事外综业务的企业之一。2017年开始，恒通公司根据《国家税务总局关于调整完善外贸综合服务企业办理出口货物退（免）税有关事项的公告》的要求进行外综业务操作，已经摸索出了一整套从签约到退税的成熟业务流程。

截至目前，恒通公司已经与100多家中小企业签订了外贸综合服务协议，合作企业遍布广州、佛山、东莞、江门、肇庆、化州、汕头等地区，合作伙伴数量逐年上升。其业务主要包括：

1. 物流报关。恒通公司是海关一般认证企业，流程简化，通关便利。物流团队已经跟20多家优质物流报关企业签订合作协议，可以为客户提供高效、优质、价优的拖车、报关、海运等服务。其中，部分物流企业已经与"丝贸天下外贸综合服务平台"进行对接，可以自动传输物流数据。

2. 单证退税。税务局退税管理等级为二级、退税周期短、资金流转快。专业的单证团队为客户提供制单、预归类等服务，提高通关效率；审单团队严谨审单，提高退税效率，快速垫付税款，有助于企业资金流转。

3. 订单融资。能协助企业就信保覆盖的订单向银行办理融资贷款。

资料来源：李红，王琦. 推进高水平对外开放背景下广东外贸新业态发展研究［J］. 中小企业管理与科技，2024（15）：148－150.

三、实行科学规范监管

由于新兴业态的发展不完善不成熟，一些外综服企业或外贸企业会因为法律法规、相关制度的不健全而钻漏洞。监管机构更应当秉持松紧有度的原则，既要给予企业足够的发展空间和支持力度，也要建立科学规范的标准规范，以此促进行业的良性发展。明确外贸综合服务企业责任，提高企业风控水平，加强客户审核与业务流程追踪，防范和化解平台及企业风险。

四、建构广州外贸综合服务业态服务体系

发布相关促进政策，与各企业密切交流，鼓励、组织企业充分利用现有的政策。根据外综服业态特点和发展需求，各部门应积极探索系统性、差异化的支持政策。加强部门协调，促进信息共享，形成长效扶持工作机制。充分学习其他优秀省份、城市的正面经验，与其他城市之间保持密切沟通交流。加强政企、银企合作，引导和鼓励金融机构积极设立外综服发展服务项目，为外综服中小企业提供资金支持。

第五章　数字服务贸易

2020年以来，数字服务贸易迎来了发展契机，已经成为新的、非常有活力的贸易形式，对于促进经济和贸易发展有着十分重要的意义。

第一节　我国数字服务贸易的发展现状

一、全球数字服务贸易发展的现状

近年来，全球数字服务贸易规模显著增长。根据联合国贸发会数据库数据，在数字交付服务方面，全球进出口规模从2010年的35 080亿美元增长到2022年的近730 700亿美元，增长近2倍，占服务贸易总额的百分比从46%提升至55%多（见图5.1）。

图5.1　数字交付服务贸易进出口额情况

资料来源：张志敏，胡润哲. 中美欧数字服务贸易发展的差异、竞争格局及中国应对［J］. 俄罗斯学刊，2024，14（6）：93－114.

2022 年世界数字服务贸易出口前十大经济体分别是美国、英国、爱尔兰、中国、印度、德国、法国、荷兰、新加坡、日本。数据见表 5.1。从出口数额来看，美国的数字服务贸易出口规模达到 6 461.1 亿美元，远超其他经济体，居于领导地位。表中各国数字服务贸易出口规模大部分呈现正增长，其中以中国和印度出口增长率最高。

表 5.1　2022 年世界数字服务贸易出口前十大国家

国别	出口规模（百万美元）	占服务贸易出口额的百分比（%）	出口增速（%）
美国	646 111.348	69.58	4.869
英国	375 412.564	75.92	− 0.542
爱尔兰	302 792.491	85.25	− 0.57
印度	232 121.172	75.02	26.0333
德国	231 960.408	56.33	− 6.0316
中国	205 284.392	48.40	7.2035
荷兰	165 972.921	60.81	3.1865
新加坡	163 842.206	56.25	4.1898
法国	148 435.327	44.02	− 0.8486
日本	113 294.986	67.96	− 6.1862

资料来源：张志敏，胡润哲. 中美欧数字服务贸易发展的差异、竞争格局及中国应对 [J]. 俄罗斯学刊，2024，14（6）：93 – 114.

ICT 交易额是信息技术产品与服务的进出口总额，代表着前沿信息通信技术服务产业的贸易状况。根据 UNCTAD 数据，全球 ICT 服务进出口贸易规模从 2005 年的 1 680 亿美元到 2022 年 9 130 亿美元，增长了近四倍，占国际贸易总额的百分比从 6% 提升至 12% 多。出口贸易额在全球排前几位的国家依次为南非、印度、美国、中国、德国、英国、爱尔兰、荷兰与新加坡。

二、我国数字服务贸易发展的现状

2022 年我国数字服务贸易规模最大的 5 个省份分别是上海、广东、北京、江苏和浙江，其数字服务贸易额全国占比分别为 26.45%、22.01%、19.50%、8.25% 和 8.11%，成为推动中国数字贸易增长的主阵地（见表 5.2）。

表 5.2　2022 年不同省份数字服务贸易额

省份	进出口额（亿美元）	增速（%）	出口额（亿美元）	增速（%）	进口额（亿美元）	增速（%）
北京	726.61	4.15	407.39	2.29	319.22	6.63
天津	68.51	0.74	30.31	8.38	38.20	-4.59
辽宁	65.29	10.74	38.75	28.94	26.54	-8.19
上海	985.78	1.41	619.96	3.93	365.82	-2.59
江苏	307.53	12.11	179.61	22.84	127.91	-0.14
浙江	302.16	7.25	119.16	12.25	183	4.23
安徽	21.5	2.38	10.03	14.87	11.47	-6.51
福建	52.37	7.44	33.54	18.65	18.83	-8.03
山东	108.12	1.81	78.42	6.86	29.69	-9.49
广东	820.5	1.01	436.34	7.08	384.15	-5.1
海南	18.03	-9.06	7.64	87.51	10.4	-34.03
四川	68.83	8.82	52.23	8.12	16.6	11.06

资料来源：李翠妮，董超. 中国数字贸易规模测算、非均衡性和地区差异研究［J］. 统计与决策，2024，40（15）：110 – 115.

第二节　广州数字服务贸易发展现状

一、广州发展数字服务贸易的基础

1. 数字科技创新资源集聚。广州是数字科技创新资源集聚的城市。2023 年末全市科学研究和技术服务业事业单位 205 家。国家重点实验室 22 家，省级重点实验室 246 家，市级重点实验室 246 家。国家级科技企业孵化器 63 家，省级科技企业孵化器 34 家（含省级粤港澳科技企业孵化器 5 家）。国家级大学科技园 3 个，省级大学科技园 8 个。在穗全职院士人数 65 人，其中，中国科学院院士 31 人、中国工程院院士 34 人。2023 全年专利授权 11.81 万件；其中发明专利授权 3.63 万件，增长 31.6%。[①]

---

① 邓毛颖，邱琳，李秋霞，等. 广州：创新打造"数智名城"推动科技文化融合发展［J］. 城乡建设，2024（16）：54 – 57.

2. 产业数字化基础雄厚。广州在超高清视频产业、新一代通信及卫星导航产业、智能装备产业、人工智能产业、软件和信息技术服务业、大数据产业、区块链产业、互联网产业、集成电路等多个数字经济细分领域均处在全国第一方阵。

广州的制造业正在向数字化、智能化加速迈进。数字经济底座支撑的人工智能、生物医药与健康、新能源、新材料等产业加快壮大成为新支柱，"5G＋北斗"产业竞争力国际领先。

3. 强大的软件业基础。广州是中国软件名城，先后被授予国家软件产业基地、国家863软件专业孵化器基地、国家软件出口创新基地等称号。2020年，广州获批全国首个区块链发展先行示范区、国家综合型信息消费示范城市。广州正以"信创链""互联网链""游戏电竞链"三链协同推动软件产业发展，并提升制造业数字化竞争力、打造数字经济生态。2023年广州信息传输、软件和信息技术服务业增长5.6%，科学研究和技术服务业增长5.0%，互联网和相关服务投资增长1.2倍。①

据《广州数字贸易发展报告（2021－2022）》，广州软件和信息服务业规模以上企业突破2 400家，信息传输、软件和信息技术服务业增加值完成1 593.84亿元，同比增长13%。行业从业人员53.8万人。拥有网易、阿里、唯品会信息科技等营收达百亿企业9家，营收超50亿元以上企业20家以上，营收超亿元的软件和信息服务企业超过750家。

4. 国内领先的网络设施基础。广州5G基站建设速度在国内城市当中最快、建设数量最多，5G网络建设和应用发展走在全国前列。2023年移动电话基站数18万个，其中，5G基站6.58万个。5G用户数1 702万户，比上年末增加457.5万户。全年完成邮电业务收入1 415.47亿元，比上年增长7.4%。其中，电信业务收入452.05亿元，增长7.3%；电子及通信设备制造投资增长15.5%。广州已集聚了一批工业互联网平台，并引进华南地区唯一的工业互联网标识解析国家顶级节点。②

---

① 周甫琦. 建设活力全球城市，广州"新"从何来［N］. 南方日报，2022－01－26（AA1）.

② 金秋，曾佳仪. 广州联通助力构筑5G美好智慧生活［N］. 通信产业报，2023－07－31（013）.

5. 坚实的外贸基础。广州是我国传统的外贸强市，历年进出口额在全国城市排名中居于前 10 位。2023 年商品进出口总值 10 914.28 亿元，比上年增长 0.1%。其中，商品出口总值 6 502.64 亿元，增长 5.8%；商品进口总值 4 411.64 亿元，下降 7.2%；进出口差额 2 091.00 亿元，增加 649.82 亿元。①

6. 国内领先的服务业。2023 年，广州市第三产业增加值 22 262.24 亿元，增长 5.3%。三次产业结构为 1.05：25.61：73.34，第三产业对经济增长的贡献率为 84.1%。现代服务业增加值 14 782.54 亿元，增长 4.9%，占第三产业比重为 66.4%。生产性服务业增加值 12 595.49 亿元，增长 7.2%，占第三产业比重为 56.6%。全年规模以上服务业企业实现营业收入 18 994.25 亿元，比上年增长 10.3%；金融业增加值 2 736.74 亿元，增长 7.5%。②

二、广州数字服务贸易发展的现状

1. 广州数字服务贸易的规模。广州数字服务贸易规模从 2018 年的 55.07 亿美元增长到 2021 年的 203.46 亿美元，增长 3.7 倍，年均增长 54.6%（见表 5.3）。2022 年，广州市数字服务贸易实现进出口 411.23 亿美元。③

从增长趋势看，2018～2020 年，广州数字贸易增速分别为 -51.7%、70.6% 和 49.7%，同一时期，服务贸易增速分别为 5.1%、9.3% 和 -4.9%，近三年平均增长 27.8%，远远高于服务贸易和货物贸易的年均增速。数字服务贸易已经成为带动服务贸易增长的主要动力。

表 5.3　近年广州数字服务贸易规模

年份	总额（亿美元）	增速（%）	进口（亿美元）	出口（亿美元）	顺差/逆差（亿美元）
2017	114.02	—	—	—	—
2018	55.07	-51.7	55.035	0.035	-55
2019	93.95	70.6	44.6	49.35	4.75

① 洪钰敏. 广链全球 外贸向新 [N]. 南方日报, 2024 - 10 - 22（AA1）.
② 李和英. 广州 调整九项开放政策 服务业迎重磅利好 [N]. 中国商报, 2024 - 07 - 19（007）.
③ 夏海霞, 陈碧君. 推动广州数字贸易发展研究 [J]. 上海市经济管理干部学院学报, 2024, 22（3）：11 - 18.

年份	总额（亿美元）	增速（%）	进口（亿美元）	出口（亿美元）	顺差/逆差（亿美元）
2020	140.66	49.7	48.78	91.88	43.1
2021	203.46	44.6	—	—	—

资料来源：夏海霞．陈碧君．推动广州数字贸易发展研究［J］．上海市经济管理干部学院学报，2024，22（3）：11-18.

2. 广州数字服务贸易发展的特征。

（1）主要行业：数字服务出口主要以软件业为主。2017～2019年，广州市信息传输、软件和信息技术服务业的产业增加值占全市的GDP比重均在6%以下，但其出口占全市数字贸易出口比重均在42%以上，说明广州信息传输、软件和信息技术服务业"外向型"特征明显，具有较强的国际竞争力，"出海"意愿也更强烈。①

（2）覆盖领域：数字服务贸易领域多样化。广州积极发展"互联网＋服务业"，支持医疗、教育、文旅、金融、知识产权等领域的企业创新服务内容和模式，推动线上线下服务融合。在数字服务贸易领域，结合广州的国家数字服务出口基地与国家文化出口基地的平台优势，广州在软件、数字游戏、数字动漫、数字音乐、云服务、广告营销等数字服务领域均有进出口绩效，涉及领域较为广泛。

（3）贸易质量：数字服务贸易附加值较高。2021年，广州知识密集型进出口额占全市服务贸易总规模的43.4%，知识产权使用费占全市数字贸易进口额一半以上。

从业务结构看，2020年电信、计算机和信息服务、知识产权使用费等知识密集型数字贸易领域进出口额为132亿美元，约占广州服务贸易规模的40%，并且实现了较快增速。知识产权使用费也是广州数字贸易进口额最大的领域，约占数字贸易进口总额的51.78%，年增长率为10.52%。广州软件出口以离岸外包为主要出口方式，融入数字贸易全球价值链，不断向价值链高附加值的环节攀升。②

---

① 艾忠，闫彩霞．广州跨境电商综合试验区发展研究［J］．对外经贸实务，2023（12）：78-84.

② 邱丹平．粤港澳大湾区建设背景下广州建设数字贸易中心研究［J］．价格月刊，2022（6）：82-87.

（4）支撑载体：载体建设成绩斐然。广州市天河中央商务区获评为国家数字服务出口基地，天河区获评为首批国家文化出口基地，番禺区获评为第二批国家文化出口基地，广东省中医院获评为首批国家中医药服务出口基地，广州经济技术开发区获评为首批国家专业服务出口基地。

天河区形成了数字创意和数字贸易两大总部集群。天河区国家数字服务出口基地拥有数字服务类企业近2万家，形成数字创意和数字贸易两大总部集群，汇聚了酷狗音乐、荔支网络、三七互娱、趣丸、汇量科技、汇丰软件等龙头数字服务贸易总部企业。

番禺区则重点发展灯光设计、珠宝设计生产、互联网新业态等文化业态。2021年番禺国家文化出口基地内的虎牙信息游戏直播平台市场占有量全国第一、全球第二，YY直播全球用户达3.5亿，海外业务遍布150多个国家和地区。

在广州开发区，企业越来越注重运用核心技术和自主知识产权提升国际竞争力，对知识产权服务出口需求旺盛。目前，广州开发区国际知识产权出口基地集聚知识产权服务机构300多家，形成代理、法律、信息、商用化、咨询、培训等全链条服务体系。广州开发区独联体国家跨境技术转移平台案例入选2021年中国国际服务贸易交易会成就展示范案例。

3. 广州数字服务贸易代表性企业。目前，广州在数字经济领域拥有13家独角兽企业。在数字服务贸易领域，2021年数字贸易额超亿美元的企业7家，超千万美元的企业近40家。①

在广东省商务厅公布的2022年广东省数字贸易龙头企业名单中，广州35家数字贸易企业入选，占全省龙头企业的1/3以上，代表企业包括汇丰软件、广电运通（金融服务类）、酷狗、三七互娱（文化娱乐类）、卓志跨境电商、希音（贸易数字化平台类）、本田技研、美的华凌（研发设计类）、四三九九、简悦信息（信息技术类）等。

三七互娱已自主开发出游戏研发中台"宙斯"，三大数据分析系统"雅典娜""波塞冬"和"阿瑞斯"，智能化投放平台"量子"以及智能化运营分析平台"天机"系统。2022年上半年，三七互娱海外业务营收30.33亿

---

① 洪钰敏. 广州：向"新"突破，以"质"谋变［N］. 南方日报，2024-12-06（AA2）.

元,同比增长 48.33%。①

咏声动漫的数字动画作品已通过境内外超过 150 家播放平台向全球用户提供全天候点播服务,覆盖了俄罗斯、韩国、马来西亚、新加坡等 50 个国家和地区,相关内容被译制成十余种语言传播。②

广电运通的产品与服务已出口至全球 110 多个国家与地区,2021 年海外业务实现营业收入 7.60 亿元,同比增长 17.12%。久邦世纪将打造超过三款用户过亿的超级 App,预计服务全球用户超 10 亿,创汇收益年均 500 万美元以上。③

三、广州促进数字服务贸易发展的政策

2020 年 4 月,广州市政府印发《关于加快服务贸易和服务外包发展的实施意见》,其中明确提出,培育壮大数字贸易,扩大数字服务出口,支持企业运用数字技术提升服务能级,拓展"数字 + 服务"新模式、新业态。

2021 年 7 月,广州印发了《广州市建设国家数字经济创新发展试验区实施方案》,提出率先探索数字经济创新发展新思路、新模式、新路径,将广州打造成为粤港澳数字要素流通试验田、全国数字核心技术策源地、全球数字产业变革新标杆。

2022 年 10 月,广州市商务局等八部门联合印发《广州市支持数字贸易创新发展若干措施》,提出以精准滴灌的政策举措大力发展数字新基建、搭建产业集聚发展平台、做强做优特色服务领域、强化数字技术赋能对外贸易、抢抓发展数字贸易的历史机遇、为数字产业发展积蓄新动能。

第三节 上海数字服务贸易发展概况

上海高度重视发展数字服务贸易,2019 年在全国首次发布省级层面数字

---

① 夏尔. 三七互娱出海,中国游戏品牌走向全球化 [J]. 国际品牌观察,2023 (17): 49 - 52.
② 徐平. 深度耕耘动漫产业 有效整合版权资源 [N]. 中国新闻出版广电报,2023 - 10 - 19 (006).
③ 李雯珊. 广电运通:加"数"前行 阔步"出海" [N]. 证券日报,2024 - 11 - 14 (B03).

贸易发展行动方案，制定数字贸易发展促进政策。

当前，上海数字贸易蓬勃发展，数字贸易额从 2019 年 401.3 亿美元提升至 2022 年的 985.78 亿美元，居全国第一位。①

专　栏

上海百家数字贸易创新企业

2023 年，上海在全市遴选了 100 家数字贸易创新企业。百家企业包括云服务企业 13 家、数字服务企业 54 家、数字内容企业 24 家、跨境电商企业 9 家。作为上海数字贸易企业的代表，百家企业展现了上海数字贸易的发展能级和国际竞争力。

一是企业主体能级高。百家企业中，财富 500 强企业 6 家，上市公司 17 家，独角兽企业 10 家，高新技术企业 56 家。

二是技术创新能力强。百家企业共拥有专利授权数 3 447 项，授权发明专利数 1 019 项，在数字研发、数字设计、数字 IP、元宇宙、云原生与智能计算、数字健康六大赛道领跑。

三是市场开拓覆盖广。百家企业深化全球业务布局，在全球拥有分支机构及关联企业 898 家，覆盖美国、中国香港、新加坡、日本、德国、法国等主要市场。

资料来源：杨连星，张桂琴，林兆威. 上海发展国际数字贸易的难点及对策［J］. 科学发展，2023（9）.

一、上海不同区域的数字服务贸易发展概况

1. 临港区域：打造数据港。上海临港区域拥有两个国际海缆登陆站；千兆宽带网络覆盖率超过 99.5%，5G 室外基站 981 个，NB - IOT 站点超 1 000 个；建成互联网云计算数据中心两个。②

---

① 王晓晨. 推动国际贸易中心能级再上新台阶［J］. 上海人大月刊，2024（1）：19 - 20.
② 丁波涛. 上海建设国际数据港：竞争态势、制约因素与对策建议［J］. 上海城市管理，2023，32（2）：10 - 15.

未来，临港将建设 10 个联合实验室，包括跨境数字信任实验室、数据流通安全合规治理实验室、国际数据与算力服务实验室、国际金融数据服务实验室和国际数字贸易服务实验室等。将建设两个联合研究中心，分别是上海国际数据港发展联合研究中心、上海国际数据港汽车数据联合研究中心。①

临港将在跨境数据流通创新试点、数据治理、国际数据服务、数据安全评估、国际数字信任体系建设等多个方面大力推进国际数据港建设、创建数字贸易枢纽港示范区，将临港区域建设成为上海面向世界的数据开放窗口。

2. 浦东新区：建设数字贸易服务基地。2023 年 12 月，阿里巴巴国际站首个数字贸易服务基地落户上海浦东，这是阿里国际站积极参与浦东新区"丝路电商"合作先行区建设的重点项目之一。通过这一全国首创的数字贸易服务基地，阿里巴巴将与浦东新区一起为广大外贸企业提供一站式的综合服务。目前，阿里国际站已经在浦东建立了本地服务团队，积极搭建数字外贸生态链。

3. 杨浦区：聚焦"数智未来谷"。杨浦数字经济相关企业 7 000 余家，2023 年软件和信息服务业营收达 2 600 亿元，约占全市的 1/6。②

2024 年 5 月，杨浦区数字贸易发展服务中心成立，可以为企业提供数据跨境交易、商业咨询、投资促进等一系列服务。当前，杨浦区正主动参与上海 DEPA 合作区建设，致力建设一个数字贸易生态系统——国际数智未来谷，打造数字文化出海新高地。

二、推动上海数字服务贸易发展的有关政策

1. 《上海市数字贸易发展行动方案（2019 - 2021 年)》。早在 2019 年，上海市商务委员会等九部门就联合发布了《上海市数字贸易发展行动方案（2019 - 2021 年)》。该方案是我国首个省份发布的数字贸易发展行动方案，率先提出打造上海数字贸易国际枢纽港。

---

① 丁波涛. 上海建设国际数据港：竞争态势、制约因素与对策建议 [J]. 上海城市管理，2023，32（2)：10 - 15.

② 李治国，唐一路. 驶入数字经济产业快车道 [N]. 经济日报，2024 - 12 - 04（009).

专 栏

《上海市数字贸易发展行动方案（2019-2021年）》

方案主要聚焦云服务、数字内容、数字服务的行业应用、跨境电子商务等重点领域，以虹桥商务区为核心发展区域，提出建设数字贸易跨境服务集聚区，扶持和激活原创内容 IP，支持数字服务重大项目，培育独角兽企业，搭建数字贸易交易促进平台，推动建立全球数字合作城市联盟等12项主要任务。

方案还聚焦建设三个行动中心，提出建设数字贸易创新创业中心需要扶持和激活数字阅读、网络视听、动漫网游等领域的一批原创内容 IP，支持一批高端化、国际化和规模化的数字服务重大项目，培育一批数字贸易领域成长性好、增长潜力大的独角兽企业。

建设数字贸易跨境交易促进中心包括建设虹桥跨境服务、浦东数字内容、长宁数字服务、静安数字技术等重点区域；搭建以海外推介、信息共享、项目对接、版权服务为核心功能的数字贸易交易促进平台；鼓励发展各类数字金融服务以及鼓励金融企业形成数字化转型及金融科技创新机制。

数字贸易全球合作共享中心旨在打造以中国国际进口博览会为龙头的国际会展平台；开展"上海数字贸易海外行"活动，构建数字贸易品牌海外宣传渠道；推动建立全球数字贸易城市联盟，搭建长三角城市群与全球市场的对接、联动以及合作平台。

方案提出，力争打造5家估值超过百亿美元的数字贸易龙头企业，培育500家规模以上的数字贸易重点企业。

资料来源：王嘉旖. 推进上海国际贸易中心建设提质升级［N］. 文汇报，2023-12-29.

2.《上海市推进国际贸易中心建设条例》。2023年12月，上海市十六届人大常委会第九次会议表决通过了新修订的《上海市推进国际贸易中心建设条例》（以下简称《条例》）。

为抢抓数字贸易发展机遇、培育发展新动能，新修订的《条例》专设"数字贸易"一章，明确培育数字贸易业态模式，加快发展数字产品、服务、技术等数字贸易。

《条例》明确：一是培育数字贸易业态模式，加快发展数字产品、服务、技术等数字贸易；二是加强数字贸易载体建设，创建"丝路电商"合作先行区；三是开展跨境数据流动分类分级管理，推动数字身份认证在数字贸易领域的应用，促进数据跨境安全、自由流动；四是强化数字贸易安全，在数字贸易主体监管、个人信息保护、重要数据出境等方面协调联动，实施数据安全管理认证制度；五是加强数字贸易领域国际交流合作，加快上海数字贸易国际枢纽港临港示范区、虹桥国际中央商务区全球数字贸易港建设，支持上海数据交易所国际板建设。

3.《全面对接国际高标准经贸规则推进中国（上海）自由贸易试验区高水平制度型开放总体方案》。2023年12月，国务院发布《全面对接国际高标准经贸规则推进中国（上海）自由贸易试验区高水平制度型开放总体方案》（以下简称《方案》）。《方案》中提到，上海自贸区将率先实施高标准数字贸易规则。具体内容包括：涉及企业和个人因业务需要，确需向境外提供数据且符合国家数据跨境传输安全管理要求的，可以向境外提供；完善外资企业参与创新药物研发等领域人工智能创新合作的方式及要求；支持可信、安全和负责任地使用人工智能技术；在保障安全的前提下，加快推动智能网联汽车商业化应用。

三、上海数字服务贸易领域的代表性企业

1. 哔哩哔哩。据官网信息，哔哩哔哩是中国年轻一代的标志性品牌及领先的视频社区，又称为B站。哔哩哔哩由上海宽娱数码科技有限公司及其关联公司提供服务。2018年3月，哔哩哔哩在美国纳斯达克上市。2021年3月，哔哩哔哩正式在香港二次上市。

B站早期是一个ACG（动画、漫画、游戏）内容创作与分享的视频网站。经过10多年的发展，围绕用户、创作者和内容，其构建了一个源源不断产生优质内容的生态系统，B站已经涵盖7 000多个兴趣圈层的多元文化社区。

2. 飞书深诺数字科技。上海飞书深诺是运用数字化技术手段助力企业海外拓展的标志性企业。飞书深诺基于数字化技术优势、自身完备的服务体系、专业精准的行业解决方案平台，为国内外企业出海提供多元综合的全链路数

字营销服务，助力中国跨境出海企业和跨国公司成功开发国际市场、搭建国际品牌。

3. 上海久事智慧体育。上海久事智慧体育有限公司积极参与体育电竞赛事的 IP 创意和赛事运营，为上海建设国际世界体育赛事之都和全球电竞之都而努力，目前正在运营的头部体育电竞项目包含 F1 电竞中国冠军赛和上海虚拟体育公开赛。

同时，久事智慧体育利用互联网运营和科技优势，致力于为体育场馆和赛事提供数字化转型解决方案，目前运营的大型项目包含上海东方体育中心整体智能场馆建设、上海徐家汇体育中心运营系统等。作为久事体育集团旗下的企业，久事智慧体育拥有票务系统、智能游泳馆系统等 20 多项软件著作权。

第四节 广州发展数字服务贸易的对策

一、探索完善监管模式

抓紧补上严重缺乏的制度短板，支持开展行业数据分类分级保护、数据安全管理认证、数据出境安全评估研究，探索推进数据安全有序流动的"广州样本"。强化数字贸易平台主体责任，推进产品质量共治；在多维度监测的同时建立产品质量溯源机制，将监管部门的监测报告、监管要求、企业注册备案等内容加入溯源信息。推动商务、海关、税务、市场监管、邮政等部门间数据对接，在优化服务的同时，加强对逃税、假冒伪劣、虚假交易等方面的监管。加快建设南沙（粤港澳）数据服务试验区，鼓励开展数字贸易规则对接和参与制定国际规则。

二、夯实数字产业基础

制定数字化转型路线图，引导直接数字企业与间接数字企业之间打通消费与生产、供应与制造、产品与服务间的数据流和业务流。以汽车制造、高端装备、家居、生物医药等行业转型为重点，大力发展芯片设计、封装、制造和高端工业软件，推进智能制造升级。促进制造业与人工智能、虚拟现实、信息材料、生物传感等数字技术加速融合。培育推广个性化定制、网络协同制造、远程运维服务、众创众包等智能制造新模式，推动"工业互联网＋供应链"创新发展。聚焦集成电路、基础软件、重大装备等重点领域，增强数字产业链创新能力。

三、推动数据市场化进程

加速数据要素价值化进程。将数据视为生产要素，这一价值判断是具有划时代意义的。推进数据采集、标注、传输、存储、管理、应用等全生命周期的价值管理，打破数据壁垒，联合其他城市探索建立统一规范的数据管理制度。开展对数据确权、个人数据保护等相关法律法规的前瞻性研究。加快推进数字经济领域立法工作，建立数据资源全链条制度体系。制定数据共享责任清单，加速推进数字市场化开发利用，形成自然人、法人、自然资源与空间地理、社会信用和电子证照等基础数据库。

四、扩大数字基础设施投资

建设最新世代网络。加快推进5G部署全覆盖和独立组网，加快互联网协议第六版（IPv6）、窄带物联网络（NB－IoT）规模部署，提升城市基础设施网络化、智能化，建设高速万物智联网络。前瞻布局量子通信网、卫星互联网、6G等未来网络。加快工业互联网、车联网等行业应用型数字基础设施建设，推动形成行业公共服务平台。

五、加快数字服务贸易人才培育

依法推动设立数字贸易相关行业组织，出台行业服务规范和自律公约。加强典型案例收集、整理与汇总，动员高等院校和企业界联合编写数字贸易通用教材和各大电商平台实操手册。引导普通高校、职业院校与企业合作，培养符合数字贸易发展需要的管理人才和高素质技术技能人才。鼓励普通高校、职业院校设置相关专业。

第六章　平行进口

第一节　我国平行进口的发展状况

一、平行进口的概念

平行进口是指未经品牌厂商授权、贸易商将品牌商品从海外市场引入本国市场进行销售的行为。平行进口是与传统的渠道——海外品牌在华总代理商及各级分销商相平行的进口渠道。

在我国，平行进口车品牌类型多为高端汽车品牌的畅销车型，由生产商按照非中国地区标准（美国、中东国家、德国）生产。该类汽车与按中国规格生产的汽车主要区别在于转向灯颜色、配置、操作系统语言等方面的不同，此外，平行进口汽车也不符合我国4S店保修标准等。

二、平行进口汽车的优势

1. 价格优势。正常情况下，一辆国外进口的汽车要进入到国内销售环节，需要经历较多的中间商，从而导致进口汽车的销售价格较为昂贵。而平行进口汽车，不再需要经过那么多的中间商，有效降低了销售成本。因此，在实际售价上，平行进口汽车具有一定的优势。

2. 关税利好。国务院关税税则委员会发布公告称，自2018年7月1日起，我国将整车进口关税由原先的25%、20%下调为15%，将税率分别为8%、10%、15%、20%、25%的汽车零部件关税降至6%。这一政策缓解了平行进口汽车经销商的压力，进一步刺激了我国的平行进口汽车市场的发展。

3. 等待时间短。平行进口汽车通常从国外汽车销售市场直接购买，并通过合法途径将其运输到自贸区，最终完成进口汽车的销售。这种运行模式相比较于传统进口汽车购买方式，有着更高的销售效率，消费者不需要等待较长的时间。

4. 配置更加灵活。平行进口汽车直接从海外市场购买并销售，可以提供多种型号与配置，能够满足不同消费者的选择需求。

三、国家政策

如表 6.1 所示，2014 年以来，各级政府部门发布了一系列政策来支持平行进口业态的发展。

表 6.1　支持平行进口业态发展的政策文件

发布时间	发布部门	文件名称	主要内容
2014 年 8 月	国家工商总局	《关于停止实施汽车总经销和汽车品牌授权经销商备案工作公告》	平行进口汽车经销商完全合法化，这意味着平行进口车企业不再受备案制度限制，平行进口汽车同样也可以享受上牌、纳税、保险、维修等服务
2014 年 11 月	商务部	《关于上海自由贸易试验区开展平行进口汽车试点有关问题的复函》	平行进口汽车首次在官方媒体和政府文件中被正式提及
2016 年 2 月	商务部等 8 部门	《关于促进汽车平行进口试点的若干意见》	针对汽车平行进口试点提供政策支持，简化汽车自动进口许可证申领管理制度，深化平行进口汽车强制性产品认证改革；进一步提高汽车平行进口贸易便利化水平；积极推动平行进口汽车环保和维修信息公开；加强平行进口汽车注册登记管理服务；重点加强质量追溯和售后服务体系建设；切实加强监管等
2017 年 1 月	国家认监委	《关于进一步深化汽车强制性产品认证改革的公告》	允许认证机构在认证受理环节适当放宽对原车型或原基础车型获证的要求，将认证受理车型扩大到所有平行进口车型，该政策在降低平行进口企业认证成本的同时也有助于提高平行进口汽车产品线丰富度
2017 年 4 月	商务部	《汽车销售管理办法》	打破汽车销售品牌授权单一体制，供应商可通过多种渠道销售汽车。平行进口汽车品牌多、个性化特征突出，其重要特点就是多品牌销售。办法的出台有利于促进平行进口汽车销售渠道的建设

续表

发布时间	发布部门	文件名称	主要内容
2017 年 5 月	国务院办公厅	《关于同意唐山港区等 7 个口岸为汽车整车进口口岸的复函》	将我国汽车整车进口口岸由 19 个增至 26 个，新批口岸则主要依托平行进口开展整车进口业务。因此，口岸数量的增加将拓展平行进口汽车的进口通道并有利于促进平行进口市场增长
2017 年 9 月	公安部	《机动车运行安全技术条件》（GB7258 – 2017）	平行进口汽车均按国外标准生产，需要按照 GB7258 等标准进行标准符合性整改，否则将无法上牌，对企业整改工作提出新的要求
2019 年 8 月	商务部	《关于进一步促进汽车平行进口发展的意见》	一、允许探索设立平行进口汽车标准符合性整改场所；二、进一步提高汽车平行进口贸易便利化水平；三、加强平行进口汽车产品质量把控；四、规范平行进口汽车登记管理；五、推进汽车平行进口工作常态化制度化；六、强化试点企业监督管理；七、切实加强组织实施
2022 年 5 月	国务院	《关于印发扎实稳住经济一揽子政策措施的通知》	稳定增加汽车、家电等大宗消费，支持汽车整车进口口岸地区开展平行进口业务，完善平行进口汽车环保信息公开制度
2022 年 7 月	商务部	《关于搞活汽车流通 扩大汽车消费若干措施的通知》	支持汽车整车进口口岸地区开展汽车平行进口业务，经省级人民政府批准汽车平行进口工作方案并报商务部备案，汽车整车进口口岸即可开展汽车平行进口业务。完善平行进口汽车强制性产品认证和信息公开制度，允许企业对进口车型持续符合国六排放标准作出承诺，在环保信息公开环节，延续执行对平行进口汽车车载诊断系统试验和数据信息的有关政策要求

四、我国平行进口业态的发展现状

1. 现有口岸。截至 2023 年 9 月，如表 6.2 所示，全国已有 31 个整车进口口岸。

表 6.2　现有平行进口口岸

整车进口口岸	口岸类型	获批时间
上海港	海港	
天津新港	海港	2004 年 5 月
广州黄埔港	海港	
大连新港	海港	

续表

整车进口口岸	口岸类型	获批时间
内蒙古满洲里	铁路	2004 年 5 月
深圳皇岗口岸	公路	
新疆阿拉山口口岸	公路	
广西钦州保税港区	海港	2009 年 12 月
新疆霍尔果斯口岸	公路	2011 年 9 月
福州港江阴港区	海港	2011 年 12 月
张家港保税港区	海港	2012 年 11 月
北京首都国际机场口岸	航空	
青岛前湾保税港区	海港	
宁波梅山保税港区	海港	
重庆铁路口岸	铁路	2014 年 7 月
郑州铁路口岸	铁路	
广州港南沙港区	海港	
海口港	海港	
岳阳城陵矶港	河港	
成都铁路口岸	铁路	2015 年 1 月
深圳大铲湾海运港区	海港	
西安铁路口岸	铁路	2017 年 6 月
唐山港区	海港	
绥芬河铁路口岸	铁路	
安庆港	河港	
厦门海沧保税港区	海港	
武汉铁路口岸	铁路	
银川河东国际机场航空口岸	航空	
兰州铁路集装箱场站	铁路	2018 年 10 月
兴隆铁路集装箱场站	铁路	
赣州铁路集装箱场站	铁路	

资料来源：王刚，丁寿滨，范莹莹，等. 平行进口汽车详解 [J]. 中国海关，2023 (11)：32－34.

2. 进口量。如表6.3所示，平行进口汽车年进口量在2014～2017年保持了快速增长，增长率分别为4.3%、16.3%以及29.8%。但是2018年，因为受到环保要求趋严以及部分汽车加征关税的影响，平行进口汽车的进口量下降至 13.97 万辆，同比下降 19%。[①]

2019 年，全年平行进口汽车的进口量为 16.32 万辆，同比增长了 16.8%。2020～2021 年，因为进口汽车必须符合"国六"环保排放标准，许多汽车由于无法达到该标准而无法进口；同时，由于新冠疫情扩散，整条汽车进口链都受到了巨大的影响。两种因素共同导致了 2020～2021 年平行进口汽车年进口量的持续下跌。[②]

2022～2023 年，平行进口汽车市场迎来了复苏，进口量上升至 4 万辆以上。

表 6.3　平行进口汽车进口量以及同比增长率

项目	2014 年	2015 年	2016 年	2017 年	2018 年	2019 年	2020 年	2021 年	2022 年前 11 月	2023 年前 11 月
年进口量（万辆）	10.96	11.43	13.28	17.24	13.97	16.32	7.80	2.94	4.2 以上	4.1 以上
同比增长（%）	—	4.3	16.3	29.8	-19.0	16.8	-52.2	-62.3	42.9	-2.4

资料来源：中国汽车流通协会. 中国平行进口汽车市场现状和发展趋势［EB/OL］. http：//cada. cn/Data/info_87_6866. html.

3. 进口车型。2014～2017 年，我国平行进口汽车的主要进口车型为 SUV（运动型多用途汽车），年进口比例达到了 80% 以上。

我国平行进口 SUV 以 B、C、D 级车，即中型车、中大型车、大型车为主，其中，C 级也就是中大型车的进口比例占比达到 51%。[③]

第二节　广州平行进口汽车的发展现状

一、广州平行进口汽车业态的发展现状

截至 2021 年，广州南沙口岸自获批整车进口口岸以来，经过多年的探索

---

①② 周骏宇，张昱. 贸易新业态教程［M］. 北京：经济科学出版社，2023：73 - 76.

③ 徐明辉，张红烛，蒋一春. 我国非中规进口汽车认证制度发展历史及前景建议［J］. 时代汽车，2022，（16）：25 - 29.

和成长，累计进口平行汽车 50 000 辆以上，进口车型超过 70 款，已成为国内平行进口汽车第二大口岸。

截至 2022 年 12 月，广州南沙已建成近 25 万平方米室内仓库面积和 136 万平方米露天堆场，堆存能力达 6.5 万辆，打造了集口岸、物流、仓储、展示、销售等功能于一体的一站式服务平台。集聚了上下游企业 160 多家，已形成集贸易进口、展示销售、物流运输、金融保险、报关代理、整改检测等技术服务于一体的汽车平行进口产业链。广州平行进口汽车试点企业达 28 家，代表性企业主要包括金港平行进口汽车贸易（广州）有限公司、广州宝奔豪车国际贸易有限公司等。①

广州充分利用保税仓储政策，在全国首创"保税 + 会展""保税仓储 + 保税流转"模式，强化通关保障，确保南沙口岸进口车辆在 24 小时内快速通关。市区两级商务部门出台整车进口相关支持措施，鼓励相关企业做大做强，使得平行进口汽车的红利从南沙自贸试验区辐射至广州全市，助力广州汽车国际贸易中心建设再上新台阶。

二、促进平行进口汽车业态发展的政策

2014 年 8 月，南沙汽车口岸通过对外开放验收，取得开展整车进出口业务的资质。次年 7 月，广州南沙自贸区汽车平行进口试点正式启动。

据统计，目前全国约有 150 多家平行进口汽车授权试点企业和平台，主要分布在天津、上海、广州等地。广州 28 家平行进口汽车试点企业和平台中民营资本主导的共有 23 家，占比 82.14%，其中，南沙自贸区共有 16 家。②

如表 6.4 所示，为支持平行进口发展，广东省、广州市各政府部门发布了一系列政策。

---

① 许广健. 平行进口汽车价格指数构建探析 [J]. 汽车工业研究，2022 (4): 47 - 49.
② 冯凤美. 中小企业融资模式探析——以广州南沙自贸区汽车平行进口业务为例 [J]. 现代商业，2021 (24): 116 - 118.

表 6.4　支持平行进口业态发展的政策

时间	发布单位	文件	内容
2020 年 2 月	广东省商务厅	《广东省推进外贸高质量稳定发展若干措施》	扩大汽车平行进口。支持中国（广东）自由贸易试验区广州南沙新区片区开展汽车平行进口试点，试点地区加大政策扶持力度，对试点企业进口车辆给予相应支持。鼓励支持车辆进口企业在广东注册。做好进口车辆排放标准有关监管政策宣贯及衔接工作，督促进口企业依法办理环保信息公开手续
2022 年 4 月	广州市商务局	《广州市关于进一步促进汽车平行进口试点工作的意见》	支持汽车平行进口全产业链发展，更大力度提升平行进口汽车营商环境以及鼓励开展平行进口汽车的贸易、销售、代理、融资等相关供应链企业集聚南沙
2023 年 3 月	广东省人民政府	《广东省激发企业活力推动高质量发展若干政策措施》	文件中指出要全面落实取消二手车限迁政策，"珠江三角洲区域内在用国五排放标准轻型汽车可以互迁"的政策在 2023 年 6 月 30 日到期后继续执行。支持广州、深圳、东莞开展汽车整车平行进口业务
2023 年 4 月	广东省商务厅	《关于印发广东省进一步搞活汽车流通扩大汽车消费实施方案的通知》	支持整车进口口岸地区开展汽车平行进口业务。支持企业依托综合保税区开展汽车平行进口保税存储业务，降低企业经营成本。支持企业开展平行进口汽车出区保税展示交易、保税流转业务、"保税＋会展"汽车进口模式。支持广东省有条件的整车进口口岸所属地区制定汽车平行进口工作方案，经广东省政府批准并报商务部备案后开展平行汽车进口业务

第三节　天津平行进口汽车的发展经验

专　栏

森扬国际汽车城

　　森扬国际汽车城是天津港保税区的大型车城，位于天津港保税区海滨九路。展厅面积 5 万余平方米，入驻商户 200 余家，涵盖汽车销售、汽车金融、汽车电商、汽车物流及汽车后市场等多类业务。森扬集团于 2015 年 10 月荣获天津自贸区首批平行进口汽车试点平台资质，致力于打造平行进口汽车产业链综合服务平台，业务覆盖国外集采、仓储物流、报关报检、汽车金融、整车装备、展览展示及汽车销售等平行进口汽车各个环节。

资料来源：天津平行进口汽车连续五年全国第一［EB/OL］．（2020 - 08 - 26）．https：//cn. chinadaily. com. cn/a/202008/26/WS5f4609daa3100849784212cf. html.

一、天津平行进口汽车业态的发展现状

天津平行进口业务一直保持全国领军地位。天津口岸作为我国平行进口汽车主要集散地，已形成集金融、整备、改装、检验、仓储、物流、销售等于一体的完善产业链。在天津口岸通关的平行进口汽车涉及 30 多个品牌、123 个车型，基本覆盖平行进口汽车的主力车型。2023 年实现平行车进口3.6 万辆，占全国平行车进口总量 80%以上。

天津口岸与其他汽车平行进口口岸相比优势明显。天津口岸拥有平行进口汽车试点企业和平台共计 50 家，试点总量约占全国的 1/4。此外，专门从事批发、销售平行进口汽车的相关企业达 1 000 家以上，具有很强聚集效应和规模效应。截至 2021 年，已建成 3 家大型汽车城，聚集了 20 多家汽车品牌，展厅面积达到 20 万平方米以上，汇聚了来自美国、欧洲、中东等国家和地区的供货商 600 余家，海外采购商 400 余家。[1]

连续五年，天津口岸入关的平行进口汽车保持占比在全国六成以上。2023 年前 11 个月，天津口岸平行进口汽车累计达 3.34 万辆，占全国进口总量八成以上；2024 年一季度，天津海关共检验平行进口汽车 8 475 台，同比增长 15.5%。这反映出天津作为全国平行进口汽车试点领军城市优势突出、建设成效显著。[2]

二、天津发展平行进口汽车的经验

以下为天津发展平行进口业态积累的一系列经验。

---

① 战旗，单毅. 滨城发力巩固平行进口汽车产业龙头地位［N］. 滨城时报，2023 - 10 - 26 （002）.
② 王晨露. 经济运行向新向上 滨城交出"金秋答卷"［N］. 滨城时报，2024 - 11 - 01 （001）.

1. 有力的政策扶助。天津市政府出台了如《中国（天津）自由贸易试验区汽车平行进口试点管理办法》等一系列管理与支持政策，内容包括简化手续、降低进口税等，从而吸引更多平行进口汽车企业入驻。

2. 提供"一站式"高效服务。天津保税区海关持续优化平行进口汽车通关流程，整合审单、查验、出证环节，统筹协调，减少企业往返查验、单证领取的次数。同时，建立动态保障机制，根据实际情况实时调整一线查验人员配置，确保满足车辆通关查验需求。

3. 推进数字化、智慧化建设。天津积极支持天津智慧港口建设，在全国率先实施"船边直提"和"抵港直装"改革并进行规模化应用。2022 年，该模式入选国家服务业扩大开放综合试点示范最佳实践案例。天津港集团建设应用关港集疏港智慧平台推动海关监管与港口作业融为一体。2022 年，天津口岸 34.6% 的进口集装箱货物通过"船边直提"快速提箱，24.9% 的出口集装箱货物通过"抵港直装"在运抵码头后 24 小时内快速装船出运，继续领跑全国各水运口岸。①

第四节　推动广州平行进口汽车发展的对策

一、提高广州海关平行进口汽车检验效率

首先，广州海关可以优化平行进口汽车的通关程序。在码头内设置平行进口汽车检测站，平行进口汽车卸货后即可进行检测，使得报检、检测与报关等程序同时进行，提高通关效率。

其次，整改前置，提高检验效率。平行进口汽车是以进口国标准设计，多数不符合我国国标要求，比如无中文标牌、无改装厂标识以及车速表、指示器及信号装置的标志，故在检验前需要将其按照我国国标先做整改，而整改时间一般较长，会影响通关效率。故建议可在车辆进口前按照我国标准做好整改，做到进口后卸货就可检验，由此缩短检验时间、提高检验效率。

---

① 王建喜，战旗. 探索创新业务模式 支持平行进口汽车保持全国领先地位［N］. 滨城时报，2023－04－29（002）.

最后，如有必要的话，可以向上级部门建议考虑加入《1958 年协定书》。该协定规定，已获得缔约国 ECE 型式批准的产品，无须再进行其他重复验证和型式批准工作。对于经过认证的车型可以实行备案制度，今后如有来自同一地区的同款车型实行项目抽查检验，无须进行整车检验，以提高通关效率。

二、提高广州地区平行进口车辆售后保障水平

平行进口汽车经销商是车辆产品质量追溯的责任主体，所以在质量保障、售后服务、三包等方面平行进口汽车销售商是责任主体。目前市场上销售的平行进口汽车几乎都是通过购买保险的方式获得质保。

不过，这种售后维护方式也有缺点。一是购买保险的承保范围与普通进口车不同。二是购买保险也会提高购车成本，此类成本从几千元到上万元不等，使消费者实际购车成本增加。三是购买保险的车辆必须到与保险公司有合作关系的指定店面进行维修，造成修理的不便捷。四是保险索赔手续死板且烦琐。因此，有必要出台广州统一的售后服务模板，针对前述问题予以纠正，保护购买者权益。

三、多措并举支持广州平行进口汽车企业的发展

加大对平行进口汽车企业的补贴力度，积极鼓励、支持企业入驻。设立平行进口行业协会，其职责包括产业调查研究、标准制定、信息服务、咨询服务与项目论证、贸易争端调查与协调、行业自律、专业培训、国际交流等。为汽车的平行进口市场制定统一规范，减少不符合行业标准的平行进口汽车流入市场。积极听取平行进口车商在实践中的诉求，及时予以解决。集合广东的平行进口车商以及售后服务商，在广东构建完整的售后服务网络，帮助解决广东地区平行进口汽车的售后服务问题。修改现有"落地完税"政策，允许平行进口汽车以展销名义进入南沙自贸区，暂时不用缴纳税费，待到交易时再缴纳相应税费，从而降低平行进口车商的资金压力。

第七章 中欧班列

第一节 我国中欧班列的发展状况

一、中欧班列概况

1. 中欧班列概念。中欧班列，是由中国铁路部门组织、运行于中国与欧洲之间的一系列集装箱班列，是一条连接亚欧大陆的现代"丝绸之路"。自2011年首趟班列开行以来，中欧班列已经成为国际贸易的重要桥梁，促进了沿线国家之间的经济合作与贸易往来。

2016～2021年，中欧班列年开行数量由1 702列增长到15 183列，年均增长55%。截至2023年底，中欧班列已有86条运行线路，连通中国境内112个城市，通达欧洲25个国家的223个城市，以及沿线11个亚洲国家超过100个城市。[①]

目前中欧班列发展较好的城市如表7.1所示。

表7.1 中国中欧班列数量与贸易金额排名靠前的城市

城市	中欧班列数量（列）	城市	中欧班列数量（列）
西安	5 139	沈阳	2 800（约）
重庆	5 300	长沙	1 173
成都	5 300	义乌	1 580
郑州（中豫号）	3 269	济南	3 464
乌鲁木齐	1 517	武汉	848

资料来源：赵家章，丁国宁. 中欧班列推动中国对外贸易高质量发展：理论逻辑、困境及路径[J]. 国际贸易，2023（7）：32－40.

---

① 赵明亮，刘钦香，等. 中欧班列开通对中国沿线城市出口贸易的影响及机制检验[J]. 地理学报，2023（6）：1427－1442.

截至 2022 年底，中欧班列通达的国家有德国、俄罗斯、波兰、捷克、西班牙、荷兰、白俄罗斯、法国、拉脱维亚、比利时、英国、匈牙利、芬兰、奥地利、意大利、卢森堡、斯洛伐克、土耳其、立陶宛、塞尔维亚、乌克兰、格鲁吉亚、挪威和罗马尼亚。

2. 发展中欧班列的意义。中欧班列大幅缩短了货物运输时间，提高了运输效率。相比于传统的海运，中欧班列的运输时间更短，为货物提供了更为合适的物流解决方案。同时，它也为国际贸易参与者提供了多元化的运输选择，增强了全球供应链的韧性。

中欧班列承载着推动构建人类命运共同体的使命。它不仅是商品交换的载体，也是文化交流和国际合作的平台。通过中欧班列，中国与沿线国家在基础设施建设、贸易畅通、资金融通等方面深化合作，共同推动了区域经济一体化进程，为实现共同繁荣发展提供了强大动力。

随着"一带一路"倡议的深入实施，中欧班列的网络布局不断扩展，服务能力持续提升。未来，中欧班列将继续发挥其在国际贸易中的重要作用，为推动全球经济的开放、包容、平衡和共赢发展作出新的更大的贡献。

3. 中欧班列覆盖的商品范围。中欧班列涉及的行业领域多样，至今覆盖货物 5 万余种。在班列初期，运输的货物以一些低附加值的商品为主，包括服装、鞋帽、厨具、五金配件等。随着时间的推移，笔记本电脑、打印机等电子设备、机械设备等资本密集型产品在班列上不断增加。现在，新能源汽车、家用电器（包括微波炉、空调等白色家电）、计算机与通信技术产品等高附加值产品逐渐成为班列的常客。

二、中欧班列的运营现状与发展模式

中欧班列的运输服务网络已覆盖欧洲全境，形成了亚欧国际运输新格局。中欧班列已发展出多条主要线路，主要可划分为西、中、东三条大通道，覆盖了欧洲多个国家和地区。国内始发站点遍布全国各地，包括重庆、成都、西安、郑州、武汉、苏州、义乌等城市。此外，欧洲的终点站点同样广泛，包括德国的杜伊斯堡、汉堡，波兰的马拉舍维奇，俄罗斯的莫斯科等城市。

中欧班列的运营情况良好，列数与装运额在稳定增长。截至 2024 年 5 月底，中欧班列已累计开行超 8.7 万列。班列的重箱率、开行频次和运营效率等指标均保持良好，全程运输时间较早期缩短了 12%～20%，全程费用下降了约 30%。①

在早期运营阶段，中欧班列增长速度较快，但同时面临着一些挑战：无序竞争、线路重复、参与国家较少、返程空载率高等，以及运营模式、技术等问题。然而，随着后期"一带一路"倡议的提出，中欧班列得到了更多的支持，初期的亏损被弥补，并逐渐实现了规模化运营。

中欧班列运营体制如表 7.2 所示。

表 7.2　中欧班列运营体制

类型	内容	案例
1. 运输组织模式	中欧班列采用"固定临时结合"的运输组织方案，即有固定的列车运行图，同时也根据需求安排临时列车。 境内外铁路运输协调组织创新实践，如"3 并 2"或"2 并 1"集并运输组织，提高运输效率	成都至罗兹的中欧班列，作为固定线路之一，每周六定期开行，展示了固定运输的稳定性
2. 运营管理模式	中欧班列的运营管理通常由各国铁路公司或专门的平台公司负责，这些公司可以依托政府、铁路系统或完全由民营企业运营。 存在多种运营组织模式，如全程自主运营、境内委托加境外自主运营、境内自主加境外委托运营等	西安至杜伊斯堡的中欧班列由西安国际陆港多式联运有限公司运营管理，体现了全程自主运营的模式
3. 合作机制	中欧班列涉及多个国家的铁路部门合作，通过建立联合工作组和协调委员会，共同提升运输组织效率和运行速度。 各国铁路部门之间进行日常协调，包括周计划预报、实际发运情况通报以及运输障碍的及时沟通和协作	通过中欧班列国际合作论坛，各国铁路部门加强沟通协调，共同签署合作协议，如《中欧班列全程时刻表编制与协作办法》
4. 信息服务模式	中欧班列利用信息化手段，如"数字口岸"系统，实现无纸化通关，提高口岸作业效率，以及推动国际联运单证电子化，加快区块链技术应用，构建信息资源共享机制	通过中欧班列"数字口岸"系统，实现了无纸化通关，提高了口岸作业效率
5. 产品服务体系	中欧班列提供多元化的物流服务，包括但不限于基本的运输服务，还涵盖贸易、金融等增值服务。 创新"班列＋"服务业态，如运贸一体化专列、国际邮政专列、国际冷链专列等	运贸一体化专列，例如重庆出发的笔记本电脑专列，不仅提供运输服务，还涵盖了贸易、金融等增值服务

① 赵家章，丁国宁. 中欧班列推动中国对外贸易高质量发展：理论逻辑、困境及路径 [J]. 国际贸易，2023（7）：32–40.

续表

类型	内容	案例
6. 市场发展模式	中欧班列在市场培育阶段的主要目标是提升发行数量和扩大开行规模,而在量质并重、提质增效阶段则更注重市场化、集结化	义乌至马德里的中欧班列通过市场化运作集结了大量小商品,成为中欧班列市场化、集结化的代表
7. 基础设施建设	中欧班列的发展推动了沿线国家铁路基础设施的建设和升级,包括铁路场站、物流园区、联运港口和过境口岸等	作为中欧班列的重要节点,霍尔果斯口岸的基础设施建设提升了运输能力
8. 安全与风险管理	中欧班列注重运输过程中的安全与风险管理,通过制定相应的协作办法和应急预案,确保运输的顺畅和安全	中欧班列通过在运输过程中的安全检查和应急预案,如对货物进行 X 光扫描,确保运输安全
9. 绿色可持续发展	中欧班列作为一种绿色经济的运输方式,符合环保和可持续发展的要求,减少了运输过程中的碳排放	中欧班列采用绿色物流措施,如使用低能耗的运输设备,优化运输路线、减少碳排放

资料来源:任超. 推动中欧班列高质量发展的几点建议 [J]. 北方经济, 2024 (10): 11 – 13.

中欧班列的运作模式是多方面的,涉及运输组织、运营管理、合作机制等多个层面。随着"一带一路"倡议的深入实施和国际合作的不断加强,其运作模式也在不断优化和创新,以适应不断变化的市场需求。例如,在列车服务方面推出了运贸一体化、跨境电商 B2B 出口专列、国际邮件运输专列等,满足了不同客户的需求。

三、中欧班列的发展历程

中欧班列的首次开通可以追溯到 2011 年,由重庆市作为先行者,首次开行了直达欧洲的集装箱货运班列,即"渝新欧"班列。而后,中欧班列从 2011 年的 17 列增加到 2020 年的 12 406 列,成为连接亚欧大陆的重要物流通道。随着越来越多的国家加入中欧班列,中欧班列运输干线逐渐成为连接中国与欧洲 200 多个城市的重要桥梁,货物品种超过 5 万种,货值超过3 000 亿美元。

中欧班列发展史上的重要时间节点如表 7.3 所示。

表 7.3　中欧班列发展史上的重要时间节点

年份	内容
2011 年	重庆率先开行了直达欧洲地区的班列,这是中欧班列的早期尝试
2013 年	随着"一带一路"倡议提出,中欧班列开始快速发展,全国各地的班列相继开行

续表

年份	内容
2014 年 8 月	第 100 列中欧班列在郑州圃田集装箱中心站准备出发，前往德国汉堡
2016 年	霍尔果斯铁路口岸进出境的中欧班列数量累计突破 3.6 万列
2020 年	国内累计开行中欧班列超过 100 列的城市达到 29 个，运行线路 73 条，通达欧洲 21 个国家和地区的 92 个城市
2023 年 5 月	中欧班列累计开行突破 9 万列，成为新时代的钢铁驼队
2023 年 9 月	中欧班列长安号年开行量从 46 列增长到超过 4 600 列，国际干线达到 17 条
2024 年 5 月	粤港澳大湾区首列全程时刻表中欧班列开行

资料来源：袁沙，高月娥. 中欧班列发展历程、逻辑、历史经验与对策建议［J］. 全球化，2023
（6）：115－125.

这些重要的时间节点不仅反映了中欧班列的成长，也反映了其在促进国际贸易和文化交流中的重要作用。

四、国家促进中欧班列发展的政策

中欧班列的建设和发展离不开各种政策扶助。《中欧班列建设发展规划（2016－2020 年）》提出了完善国际贸易通道、加强物流枢纽设施建设、加大资源整合力度等重点任务。推进"一带一路"建设工作领导小组办公室发布《中欧班列发展报告（2021）》，总结了中欧班列的发展成效、重要贡献，并展望了发展愿景，提出了保障中欧班列稳定畅通的政策措施。从规范中欧班列的标准化与推进市场化运营，到主导国际货运规则谈判，再到导向数字信息共享、搭建跨境服务平台，全方位促进了中欧班列健康有序发展。

优化亚欧基础设施网络，如 2023 年《保障中欧班列稳定畅通》的文件提出，一是疏通基础设施网络的堵点、卡点，加快主要港口铁路专用线建设，全面提升中欧战略基础设施保障能力；加强枢纽节点服务能力，进一步优化沿线铁路场站、物流园区、联运港口、过境口岸等关键节点布局。二是完善服务体系，包括政策中的推进中欧班列运营标准化以及加强建设中欧品牌质量管理。

专　栏

中欧班列的创新运营模式

随着国际物流需求的不断增长，中欧班列也在不断探索和创新运营模式，以提高运输效率和服务质量。本书主要介绍两种铁路国际联运新模式。

一、"中老铁路＋中欧班列"模式

"中老铁路＋中欧班列"模式是一种创新的跨境铁路运输模式，它将中国与老挝的铁路网络与中欧班列相结合，形成了一条连接东南亚与欧洲的陆路大通道。

运输路径：货物从中国出发，通过中老铁路到达老挝，再无缝对接中欧班列，之后继续前往欧洲各国。

时间优势：相比传统海运，该模式将运输时间缩短了15～20天，大大提高了货物运输效率。

成本效益：不但相比海运时间大大缩短，而且成本也具有竞争力，为企业提供了一个既快速又经济的物流选择。

二、"中欧班列＋西部陆海新通道班列"模式

"中欧班列＋西部陆海新通道班列"模式通过整合西部陆海新通道的资源，进一步扩展了中欧班列的辐射范围和运输能力。

运输网络：首趟中欧班列（西安）＋西部陆海新通道互联互通班列从西安国际港站出发，经西部陆海新通道开往北部湾港，这条线路开拓了新的连接东南亚国家或地区的国际物流通道。

多式联运：通过铁路和海运的有机结合，形成了一条连接中国西部、东南亚以及欧洲的多式联运通道。

区域联动：该模式加强了中国西部地区与东南亚、欧洲的经贸联系，促进了区域经济一体化。

资料来源：戚军凯. 比较中看中欧班列（成渝）发展［J］. 四川省情，2022（3）：14－16.

第二节　广州中欧班列的发展现状

一、广州中欧班列的发展历程

广州中欧班列首次开行是在2016年8月28日，此后开行频次和货值均

呈现快速增长趋势。2016～2022 年，广州中欧班列的年开行数量显著增长，由最初的 13 列增加到 339 列，年均增长率超过 70%。截至 2023 年 10 月 13 日，广州已累计开行中欧班列 1 269 列。在装箱货值与货重方面，2020 年全年，广州中欧班列发运标箱 10 446 个，货重 5.48 万吨，货值 32.14 亿元人民币；到 2024 年 8 月，广州国际港（广州中欧班列重要枢纽）累计发运标箱超 9.5 万个，货物货值超 225 亿元人民币，货值近四年的平均增长率达 75%。①

目前，班列联通西欧、东欧、西亚、中亚、东南亚等 20 多个国家 40 余个城市，形成了"多向延伸、海陆互联"的空间，已经为 3 000 多家外贸企业提供了稳定的国际物流通道。广州中欧班列已形成"6 出 2 进"共 8 条常规固定线路，覆盖西欧、东欧、西亚、中亚的 20 多个国家或地区。②

线路覆盖方面，广州中欧班列的运输网络由主要线路与境外延伸点组成。包括多条主要线路，如"广州—波兰马拉舍维奇""广州—乌克兰敖德萨"等。2021 年全年开行的线路累计达到 19 条，覆盖亚欧 15 个国家 20 余个城市。广州中欧班列目前已形成了"多线开行、多点集运、多式联运"的集疏运网络。新增的路线与班列发展态势良好。2022 年，广州增加两个新站点，即广州南沙港、广州国际港，增加多条进出口班列路线，包括"欧洲—满洲里—南沙港南站""欧洲—绥芬河—广州国际港"等，极大地提升了运输网络和能力。

此外，广州中欧班列运送的货物已覆盖数码产品、家用电器、纺织服饰等上千种产品。

中欧班列的累计开行数量与发运标箱数如表 7.4 所示。

表 7.4　中欧班列的累计开行数量与发运标箱数

时间	开行数量（万列）	发运标箱数（万个）	开行数量（广州）（列）	发运标箱数（广州）（万个）
2021	1.5	146	625	5.8
2022	1.6	160	—	—

① 柳宁馨，柯静娴. 中欧班列开行增长 13%［N］. 21 世纪经济报道，2024 - 10 - 22（006）.
② 孔令雯. 海关总署：我国对"一带一路"沿线国家进出口同比增长 16%［N］. 现代物流报，2023 - 5 - 10（001）.

时间	开行数量 （万列）	发运标箱数 （万个）	开行数量（广州） （列）	发运标箱数（广州） （万个）
2023	超 1.7	超 190	8 990	86.9
2024 年 7 月 10 日	1.14	122.6	209（6 月底）	9.5（8 月底）

资料来源：程风雨. 新质生产力助推广州中欧班列高质量发展研究 [J]. 产业创新研究, 2024 (10)：12 – 15.

二、基础设施与升级情况

中欧班列的基础设施建设体现了广州在提升物流效率和响应"一带一路"倡议方面的积极努力。随着班列服务的不断扩展，广州中欧班列的基础设施，如铁路货站、物流园区等得到了加强和扩建，以适应日益增长的运输需求。

目前广州中欧班列基建情况如表 7.5 所示。

表 7.5　广州中欧班列基础设施

类型	名称	简介
铁路货站	广州国际港（广州铁路集装箱中心站）	广州国际港（广州铁路集装箱中心站）是重要的铁路货站之一，它作为中欧班列的主要始发站点，承担了大量的国际货运任务
物流园区	广州东部公铁联运枢纽	位于粤港澳大湾区的货运铁路网核心，提供无缝衔接广石铁路（增城西站）的服务。它是粤港澳大湾区规模最大、规格最高的生产服务型国家物流枢纽。每周固定开行多列中欧班列和中老班列，实现常态化运营。项目规划占地面积 958 公顷，总投资逾千亿元，是定位为"通道 + 枢纽 + 产业"的枢纽经济示范项目
	广物国际物流白云大朗基地	已助力价值约 150 亿元的"广东制造"商品走向全球。该基地不仅提供物流服务，还计划建设成为国际化、专业化的中欧班列融合创新产业园
	广州增城铁路物流园	提供 7×24 小时物流服务，确保货到即装、安全准点发车。建立了中欧班列绿色通道和青年服务专窗，提高物流效率
集散中心	广州白云机场综合保税区（南区）	中欧班列保税物流集散中心位于广州白云机场综合保税区。该区域重点发展跨境电商、医药物流、保税展示、金融服务等产业。该中心的启用开启了"空铁联运"新模式，打通了机场综保区和大朗火车站之间的物流，实现了空运与陆运之间的自由切换

资料来源：何健，欧阳剑. 广州市对外客运交通基础设施发展演变及对策 [J]. 交通工程, 2024, 24 (2)：75 – 81.

目前广州东部公铁联运枢纽项目分两期建设，其中，一期工程主要建设现代流通体系平台等，二期工程将打造物流产业融合发展平台。

三、推动广州中欧班列业态发展的政策

广州中欧班列的发展得到了国家和地方政府的大力支持。如海关总署《关于支持中欧班列发展的十条措施》旨在为中欧班列提供更便利的通关条件和政策支持，其中包括：允许企业自主选择在进出境地或属地口岸办理货物的清关手续；减少报关次数以降低报关成本，对于符合条件的中欧班列舱单，企业可申请舱单归并；推动"关铁通"合作倡议实施，加强与共建国家海关间的数据交换和信息共享；支持建设中欧班列枢纽站点，促进组货业务及内外贸货物混编运输业务的发展；促进中欧班列多式联运业务发展，允许通过多程转关办理海关手续；支持利用中欧班列扩大进口，并加强进出境地铁路口岸的海关非侵入式检查设备配备；支持中欧班列拓展业务范围，包括跨境电商、快件、邮件运输业务；加大与"一带一路"共建国家 AEO 互认合作力度，解决企业通关问题；支持在中欧班列关键物流节点城市建设保税监管场所，利用保税制度优势助推班列发展；加强信息共享和互联互通，依托国际贸易"单一窗口"，提高无纸化水平和通关效率。这些措施旨在提升中欧班列跨境运输的便利化水平，释放运能，扩大进口，加强信息共享和互联互通，进一步促进沿线各国的经贸往来。

第三节　西安中欧班列的发展经验

一、西安中欧班列的发展现状

西安是中欧班列发展最好的城市之一。西安作为古丝绸之路的起点，近年来在中欧班列的发展上取得了显著成就。西安国际港站已成为重要的国际物流枢纽中心。西安中欧班列"长安号"自 2013 年开行以来，开行量从 46 列增长到 4 600 列，国际干线达到 18 条，约占全国中欧班列累计开行总量的 1/4；开行量、货运量、重箱率等核心指标位居全国第一。[①]

---

① 李佳，闵悦. 中欧班列开通是否促进了区域创新——来自中国 285 个地级市的经验研究 [J]. 南开经济研究，2021（5）：219－239.

中欧班列（西安）运输的货物种类不断拓展，从传统的服装、家具、家电到新能源汽车、锂电池、光伏产品等，涵盖了多个品类，高附加值货品的运输比例不断增加。

西安中欧班列线路覆盖与国际合作也不断扩宽。已开通国际运输干线 17 条，实现欧亚主要货源地全覆盖，且"＋西欧"线路达 21 条。2022 年，开行量超过 4 600 列；2023 年，超过 5 139 列。西安中欧班列通过与周边城市合作构建"＋西欧"集结体系，形成了强大的区域联动效应和产业集聚，并进行了供应链整合与优化。①

中欧班列（西安）的重要时间节点如表 7.6 所示。

表 7.6　中欧班列（西安）的重要时间节点

时间点	成绩
2013 年 11 月	中欧班列（西安）首列开行，这是"一带一路"倡议提出后全国最先开行的中欧班列之一
2018 年	中欧班列（西安）开行量突破 1 000 列，运输能力和服务水平得到显著提升
2020 年	中欧班列（西安）累计开行 3 720 列，同比增长 68%，成为全国中欧班列高质量发展的典范
2021 年 8 月	中欧班列（西安）累计开行达到 10 000 列
2024 年 3 月	中欧班列（西安）2024 年第一季度开行量突破 1 000 列，较去年同期增开 107 列，增幅 12%
2024 年 4 月	中欧班列（西安）已累计开行突破 20 000 列，约占全国中欧班列累计开行总量的 1/4，开行量、货运量、重箱率等核心指标位居全国第一
2024 年 5 月	中欧班列（西安—杜伊斯堡）境内外"全程时刻表"班列实现了每周"两去一回"的往返常态化开行，成为全国运行密度最高的"全程时刻表"班列线路

资料来源：黄宝静，马骏，余元玲. 基于 SARIMA－RF 组合模型的西安中欧班列预测及发展对策 [J]. 重庆交通大学学报（自然科学版），2024，43（10）：90－96.

在基础设施建设方面。西安国际港站经过扩能改造，装卸能力提升 30%，设计年集装箱吞吐量 540 万标箱、年铁路货运量 6 600 万吨。②

中欧班列（西安）通过持续提升开行品质和效率，已成为全国中欧班列

---

① 杨金烨. 中欧班列累计开行突破 9 万列 [J]. 中国出入境观察，2024（5）：1－2.
② 谢聪利，杜跃平，王慧珍. 中欧班列（西安）集结中心高质量发展研究 [J]. 物流科技，2024，47（23）：80－83.

高质量发展的典范。西安中欧班列在发展过程中遇到的挑战主要包括国际形势变化、通道和货源组织问题、市场预期不稳定、汇率风险等。

二、西安中欧班列的发展经验

1. 运营模式创新。陕西通过开辟新线路、创新作业模式等方式优化中欧班列的运营组织模式。一是实行了中转货物站内作业新模式，提升了作业效率并减少了物流成本。二是创建了长安号信息化综合服务平台，该平台搭载多语言服务，与国际物流企业信息系统对接，实现信息共享。三是在运营方面，西安创新实施了"点菜式"接发列车模式和"一线一案"策略，优化了班列开行方案，提高了运输组织计划的兑现率。四是中国国家铁路集团有限公司与沿线国家铁路部门合作，开行了全程时刻表中欧班列。西安至德国杜伊斯堡的班列具有稳定的运输时效：全程运行时间较普通班列压缩了30%以上，极大提高了运输效率并增强了市场竞争力。

2. 有力的政策支持。国家和地方政府在西安中欧班列的发展过程中提供了多方面的政策支持。《金融支持中欧班列（西安）集结中心暨中国（陕西）自由贸易试验区高质量发展的意见》包含13条具体举措，聚焦于深化外汇管理改革、金融创新、基础设施完善和风险管理等方面，以推动中欧班列（西安）的高质量发展。

西安海关出台了支持中欧班列发展的16项措施，包括优化监管模式、培育帮扶、拓展合作、推进制度创新、创新科技应用等。

3. 提供优质服务。一是加快完善集疏运体系，提升班列服务质量，创新班列发展，发挥中欧班列西安集结中心作用。二是试行智能化与数字化运营，在运营中应用北斗定位电子锁等技术，确保了班列的安全稳定运行，并通过数字化手段提高了物流效率和监管水平。三是进行国际合作与服务创新。通过与"一带一路"共建国家的合作，中欧班列长安号促进了贸易互通。四是服务创新。西安国际陆港集团多联公司为多家本地企业提供全程物流解决方案，形成了全方位现代物流体系，有效整合和优化了供应链。

4. 完善基础设施。通过建立集结中心，实现了货物的集中调度和分拨。西安国际港站已成为西北最大的铁路物流中心，通过提供充足的运能保障，支持中欧立体交通网络的构建。

西安国际港务区和铁路集装箱中心站是西安中欧班列高效运营的关键基础设施。西安国际港务区是陕西省和西安市政府为调整产业结构、转变经济发展方式、提升现代服务业发展水平而布局的重要基础设施。西安铁路集装箱中心站是专门为集装箱货物运输设计的现代化物流枢纽，具有高效的货物处理能力。中心站配备先进的装卸设备和物流管理系统，能够大大提高集装箱的装卸效率和转运速度。通过基础设施的建设和升级，西安国际港务区和铁路集装箱中心站能够提供稳定可靠的物流服务，确保中欧班列的顺畅运行。

第四节　推动广州中欧班列发展的对策

目前，广州中欧班列开行数量实现大幅增长，创下历史新高，显示出强大的生命力。新增了多条线路，扩大了服务范围。中欧班列对珠三角地区价值约 150 亿元的"广东制造"商品输送起到关键作用。总体上，中欧班列是连接亚欧大陆更加重要的物流通道，在促进国际贸易和区域经济发展上发挥了巨大作用。①

然而，整体来看，全球贸易环境的不确定性可能对中欧班列的稳定运营造成影响。随着班列数量的增加，现有基础设施可能面临容量和效率的挑战。此外，国际政治形势的变化以及其他物流方式和路线的竞争都可能对中欧班列构成影响。

为了进一步推动广州中欧班列的发展，需要采取有效的策略。

1. 基础设施建设方面。一是加大对广州国际港等关键物流节点的建设力度，提升装卸能力和效率，确保货物快速集散。作为新建成的基础设施，进一步增强广州国际港货物处理能力，为粤港澳大湾区中欧班列提供坚实的物流支撑。二是加强与沿线城市的基础设施互联互通，提升运输网络的整体效能。在"一带一路"倡议下，广州应加强与沿线城市的合作，在国际物流、

---

① 胡必亮．"一带一路"的实践探索——对江苏、浙江、广东的调查 [J]．中国科学院院刊，2023（10）：1417 – 1431．

贸易等多领域合作，搭建更广泛的合作网络。

2. 运营方面。一是中欧班列将继续拓展服务网络，优化线路布局，提高运输效率和服务质量。比如，借鉴西安中欧班列的成功经验，广州应实施更加精细化的运营管理，包括制定严格的时刻表、确保班列准时发车和到达、提高运输的可靠性。此外，广州中欧班列有望推出更多定制化服务，通过培育中欧班列全程经营人，提供"一站式"跨境物流服务方案，增强客户体验和满意度。二是利用信息化手段，提升数字化与智能化水平。如建设"数字口岸"系统、实现无纸化通关、提高口岸作业效率。三是注重产品创新服务。鼓励更多高附加值和专业化的产品通过广州中欧班列运输。开发特色班列服务、提供定制化物流解决方案，以适应市场和客户需求的变化。四是推动开行广州中老铁路班列。发展海铁联运，做强做大东向通道班列，贯通中欧班列和中老铁路国际班列、西部陆海新通道班列。

3. 政策激励与引导方面。一是引导资本进入中欧班列领域。为中欧班列的发展提供税收优惠、资金补贴等激励措施，吸引更多的企业和投资者参与。二是倡导数字化、智能化。技术创新将继续是广州中欧班列发展的关键驱动力。未来会有更多的信息化、数字化技术应用于班列运营管理中，提高运输效率和安全性。区块链、大数据和人工智能等技术的应用将进一步优化运输组织和货物追踪，实现智能物流和智能管理。三是推广绿色化运营。推广使用环保材料和节能技术，减少运输过程中的碳排放，打造绿色、低碳的物流体系。通过优化运输组织和提高能效，减少环境污染和碳排放，推动可持续发展。推进各类生态环保合作，推进各绿色产业平台项目合作，如装备标准化、电气化改造以及绿色技术示范推广基地。四是共享人文化发展。展现对文明交流与互鉴的包容与合作态度。在完善国际运输的基础上探索中欧班列的更多运营形式，如文化班列、医疗班列等。五是积极培养本土货代公司和大型综合物流服务企业，促进港产、港贸、港城融合发展。

4. 风险应对方面。一是密切跟踪形势变化。建立周调度机制，根据时局演变及时调整现有班列开行线路和发运计划。二是建立风险评估和应对机制，在国际贸易环境的不确定性情境中及时调整运输安排，确保班列的稳定运行。为班列运输货物购买"战争保险"，分散风险。三是加强替代线路开拓。短期内提升可替代线路的服务能力，长期内优化"通道并行、多点直达"的网络布局，如加强经土耳其至欧洲等线路的维护。四是促进区域经济一体化，增强抗风险能力。利用广州中欧班列推动粤港澳大湾区与"一带一路"共建国家的经贸合作，促进区域经济一体化发展。提高供应链韧性，进一步提升中欧班列的开行水平，增强供应链全程服务能力。五是强化货源组织。加强对外贸易往来监测，优化全流程物流服务，促进班列与省内外贸企业和产业园区对接，增强班列线路之间的协同性。

第八章 离岸贸易

第一节 我国离岸贸易的发展现状

一、离岸贸易的定义

离岸贸易（offshore trade）是一种外贸新业态，是指进口和出口国交易方应设在第三国的离岸公司要求，直接完成货物买卖；交易期间所有物流不经第三国，但贸易结算由第三国离岸公司负责。离岸公司起到交易撮合、资金结算、信息整合的作用，在离岸贸易中，订单流、货物流和资金流是分离的。

离岸贸易的传统形态是离岸转手买卖，但我国已经创新出了离岸转手买卖、全球采购、委托境外加工、承包工程境外购买货物等新形态。即使是离岸转手买卖，也出现了多种创新形式。

1. 离岸转手买卖。指国内贸易商自境外采购货物并将货物在境外销售，货物在境外直接流转，不进出中国海关关境，并相应支付购款项和收取销售款项的贸易形式。包括以下形式：境外提单转卖，货物不入境；境外直接转卖，不存在物权凭证，货物不入境；境内（区内）仓单转提单，货物先入境、再出境；境内仓单直接转卖，货物已入境、不通关；境外仓单直接转卖，货物不入境、不通关。

2. 委托境外加工。指国内企业自境外采购原材料、零部件等，委托境外第三方进行加工，原材料、零部件直接发往第三方工厂，不进出中国海关关境。主要有以下两种形态：一是我国部分企业作为发包方，将产品的生产环节转移至境外，并从境外（或境内）将原材料运至生产国，加工后产品直接运至消费国；二是一些企业需要到境外地区进行委托加工、封测，产品直接销往第三国。

3. 承包工程境外采购。承包工程境外采购主要指承接境外建设工程项目的境内企业直接在境外购买用于建设工程的设备、材料等货物，并将其直接运至海外工程所在地。

承包工程境外采购交易充分利用"两个市场、两种资源"。在承包工程境外采购交易中，工程企业受两份合同约束：一是项目合同，特点是金额大、周期长，有明确的验收节点；二是与供货商的采购合同，其条款设置和执行进度受前一合同影响，货品要求、单据提交、装运期限等条款应满足前一合同的要求。

4. 全球采购。全球采购是指跨国公司体系中具有全球采购中心功能的国内企业自境外集中采购货物并在集团内进行全球货物资源配置，货物不进出中国海关关境，并从集团取货方收取货款的贸易形式。

二、我国分城市的离岸贸易发展概况

1. 上海。当前，上海离岸贸易已达到了一定规模，且发展迅速。2020年，其离岸转手买卖外汇收支已超过18亿美元，2021年前8个月更刷新为53.2亿美元。上海印发的《"十四五"时期提升上海国际贸易中心能级规划》显示，2020年上海离岸贸易总额为3 055亿元，预计2025年达到5 000亿元左右。①

2023年2月，财政部、国家税务总局正式发布《关于在中国（上海）自由贸易试验区及临港新片区试点离岸贸易印花税优惠政策的通知》。其中明确，自2024年4月1日~2025年3月31日，对注册登记在中国（上海）自由贸易试验区及临港新片区的企业开展离岸转手买卖业务订立的买卖合同免征印花税。

根据《中华人民共和国印花税法》中的条文，从事离岸转手买卖订立的合同按合同金额的万分之三征收印花税。对离岸贸易印花税进行免税，可以减轻企业的成本，有利于推动本土离岸贸易业务的发展。新政策是我国针对

---

① 陈思思. 上海建设离岸贸易中心的思路与举措 [J]. 科学发展，2023 (6)：48 –55.

离岸贸易业务实施的第一条税收优惠政策，标志着我国对离岸贸易税制的探索和实践迈出了坚实的一步。

2. 北京。2022 年 7 月，北京市政府发布《北京市促进离岸贸易创新发展的若干措施》（以下简称《若干措施》）。《若干措施》共 14 项，围绕六个方面发力，将稳步推进北京离岸贸易发展。具体内容见表 8.1。

表 8.1 《北京市促进离岸贸易创新发展的若干措施》有关内容

方面	措施
在建立离岸贸易协调工作机制方面	将离岸贸易创新发展纳入"两区"国际商务服务协调工作组工作范畴，对离岸贸易创新发展、平台建设、配套服务、结算融资便利化、风险防控等加强统筹，对重点项目、重大问题、特殊诉求加强协调
在推进跨境结算便利化和融资便利化方面	提高诚信合规企业贸易结算便利化水平，为诚信合规企业举办离岸贸易业务专项培训及人才政策宣讲；探索制定标准化的离岸贸易跨境资金结算流程；为企业提供离岸贸易融资便利；搭建公共信息服务平台，辅助银行甄别离岸贸易交易的真实性、合理性和逻辑性
在完善监管保障措施方面	建立灵活精准的合议审核机制，对企业真实合法的离岸贸易特殊业务需求，由"两区"国际商务服务协调工作组组织合议，按照"鼓励创新、防范风险"的原则，开展个案分析，审议研判方案，解决企业诉求，完善离岸贸易统计体系
在强化离岸贸易要素保障方面	加大财政支持力度，对符合条件的离岸贸易企业给予奖励；落实税收优惠政策，支持存在大量实质性离岸贸易业务的企业按相关规定申请认定技术先进型服务企业，享受相关税收优惠政策；加大贸易人才引进力度，将高端贸易人才纳入紧缺急需人才遴选引进范围，经市级有关部门推荐的符合人才引进标准的贸易人才，可申请办理人才引进落户
在促进离岸贸易创新发展方面	设立离岸贸易创新发展集聚区、支持自贸试验区建立离岸贸易服务中心、支持离岸贸易总部企业发展
在加强离岸贸易风险防范方面	实施综合监测管理，防范虚假或构造交易、骗取融资等异常行为

同时，北京自贸试验区新型国际贸易公共服务平台上线试运行，将以物流数据整合为核心，生成贸易背景真实性核验信息报告，提高金融机构对企业离岸贸易背景的核验能力，促进跨境资金结算的便利性。

三、各部门和各地促进离岸贸易发展的政策

各部门和各地都出台了一系列促进离岸贸易发展的政策，如表 8.2 所示。

表8.2　促进离岸贸易发展的有关政策

发布时间	发布部门	政策名称	重点内容
2020 年 12 月	国家外汇管理局海南省分局	《关于支持海南开展新型离岸国际贸易外汇管理的通知》	进一步明确了新型离岸国际贸易的定义，首次提出其包括离岸转手买卖、委托境外加工、第三国采购货物等内容；优化金融服务，为在海南注册的诚信守法企业开展真实、合法新型离岸国际贸易提供跨境资金结算便利；要求同一笔离岸转手买卖业务原则上应在同一家银行、采用同一币种（外币或人民币）办理收支结算等
2021 年 3 月	国家外汇管理局江苏省分局	《关于支持苏州工业园区新型离岸国际贸易发展的通知》	鼓励苏州地区银行依据苏州工业园区的功能定位和自身特色，适应国际贸易发展新趋势、新特点，进一步优化金融服务，为在苏州工业园区注册的企业开展真实、合法的新型离岸国际贸易提供高效便捷的跨境资金结算服务。同时，支持地方政府搭建公共信息服务平台，加强跨部门信息共享和监管协作，通过科技赋能提升服务水平，促进新型离岸国际贸易持续健康发展
2021 年 12 月	中国人民银行等 2 部门	《关于支持新型离岸国际贸易发展有关问题的通知》	一是支持基于实体经济创新发展需要的新型离岸国际贸易业务，对相关跨境资金结算实现本外币一体化管理；二是鼓励银行完善内部管理，实施客户分类，优化自主审核，提升服务水平，为真实、合规的新型离岸国际贸易提供跨境资金结算便利；三是强化风险监测管理，防范跨境资金流动风险

第二节　广州离岸贸易发展的现状

一、广州离岸贸易发展的现状

1. "离岸易"平台。为配合新型离岸贸易政策出台，广州南沙自贸片区首创性地打造了一站办、强协同、优联通、强价值的离岸贸易综合服务平台——"离岸易"，并于 2023 年 2 月正式启动。这是广州在推动离岸贸易发展方面的重大举措。

专栏

"离岸易"

　　"离岸易"是一个公共服务平台，将重点解决离岸贸易业务发展三大痛点，即真实性校验难、重复性审核难、业务流程长监管难问题。它可以为贸易企业、金融机构、监管部门提供跨境收付汇业务办理、政策咨询、全球贸易信息查阅全天候、全链条、一站式综合性服务。

　　"离岸易"还将通过白名单监管模式提升商务、海关、人民银行、外汇管理等部门联合监测、系统检测能力。同时，整合 20 个国家和地区的报关数据、涵盖全球超过 90% 的集装箱数据以及相关海运提单数据、交易对手黑名单信息等多类数据，并与南沙特有的三大名片系统耦合连接，相互赋能，提升贸易的真实性和完整性。

　　"离岸易"通过与第三方支付公司合力，还将实现简化对账服务、跨境支付结算等流程，助力贸易企业实现"无纸化"线上结售汇与国际收支申报，全面提升国际贸易交易时效性及数据安全性。

资料来源：伊晓霞. "离岸易"上线［N］. 南方都市报，2023 – 3 – 2.

　　2. 促进离岸贸易发展的直接政策。2022 年，《中国（广东）自由贸易试验区广州南沙新区片区关于促进新型离岸贸易高质量发展若干措施》正式出台，从平台建设、政策支持等 10 个方面促进新型离岸贸易高质量发展。有关条文如表 8.3 所示。

表 8.3　《关于促进新型离岸贸易高质量发展若干措施》的内容

领域	内容
业务奖励	企业达到本措施第三条认定条件的，对企业上一年度新型离岸贸易业务在本区经济贡献的 75% 予以奖励。 奖励范围包括但不限于"122010 – 离岸转手买卖""122990 其他未纳入海关统计的货物贸易"等国际收支申报交易代码的离岸贸易业务。 探索适应新型离岸贸易创新发展的企业所得税和印花税，对开展新型离岸贸易业务的企业探索试点支持政策，按照国家规定实施税收相关政策。 对具有重要带动作用或功能的企业和项目的有关奖励，可根据具体情况研究确定

续表

领域	内容
支持新型离岸贸易结算便利	支持内控完备、管理规范、有新型离岸贸易相关业务经验的银行在展业原则基础上，按照"实质重于形式"的要求，实施客户分类，提升服务水平，对诚信守法企业自主优化新型离岸贸易业务审核流程，便利跨境资金结算。支持符合条件的银行和重点企业参加贸易外汇收支便利化试点和跨境贸易投资高水平开放试点。支持银行按国际通行规则为符合条件的企业提供包括国际结算、贸易融资在内的跨境金融服务便利
实施主体分类监管	积极探索"负面清单＋正面清单"管理模式，由区金融主管部门统筹协调商业银行对市场主体的分类调研，引导行业自律，推动商业银行根据新型离岸贸易特点优化业务操作规范，分类实施差异化管理，重点关注关联交易、收支金额异动、大额高频收支、融资杠杆比例和融资过度集中等现象

2022 年 3 月，广州南沙印发《关于南沙自贸片区推动离岸贸易的工作实施方案》（以下简称《实施方案》）。相关政策出台前，境内企业在国际市场离岸贸易竞争中处于劣势，国际离岸业务基本被境外企业抢占。而现在则可充分享受政策红利，为企业经营离岸贸易提供重要机遇。

南沙将以推进《实施方案》贯彻落实为抓手，充分发挥自贸试验区作为制度创新高地的先导作用，在离岸贸易领域先行先试，加快出台支持离岸贸易发展的政策，将南沙打造成为离岸贸易集聚区、新型离岸国际贸易示范区。

专栏

《关于南沙自贸片区推动离岸贸易的工作实施方案》

实施方案立足产业发展方向和企业核心诉求，从建立工作机制、出台支持性政策、打造综合服务平台、开展创新试点、持续优化营商环境等方面着手，全方位提升南沙自贸片区离岸贸易产业能级，着重在四个方面开展创新改革试验。

一是营造良好环境。开展贸易便利化结算创新，提升金融服务便利度，打造适合离岸贸易业务发展的良好环境。支持内控完备、管理规范、有离岸贸易相关业务经验的银行在切实履行"了解客户""了解业务""尽职审查"的展业原则基础上，优化离岸贸易业务审核流程，便利跨境资金结算。支持符合条件的银行和重点企业参加贸易外汇收支便利化试点和跨境贸易投资高水平开放试点。

二是激发市场活力。出台激励措施，支持离岸贸易企业落户和壮大业务，实现精准招商引资，促进离岸贸易业务回流集聚。

三是实现信息共享。探索建立信息共享机制，搭建离岸贸易服务平台，推动解决跨境数据真实性核验的"痛点"问题。

四是完善风险防控。创新监管模式，建立离岸贸易统计制度和银行定期事后回访、业务巡查制度，推动离岸贸易业务稳定健康发展。

南沙区内金融机构根据《实施方案》要求，通过加强对企业的尽职调查，在充分熟悉掌握该企业背景、生产贸易等情况信息的前提下，对企业开展离岸转手买卖的合理性进行综合评估。依托企业分类实施精准管理，有效应对新型离岸国际贸易因"两头在外"存在背景核查困难、银行端业务信息不对称等问题。银行在业务办理过程中对贸易合同、发票、运输单据等资料的审核过程进行优化，对交易过程中涉及的贸易货物类型、价格、贸易路径等信息与提供单据进行高效比对校验。

资料来源：柳时强．南沙抢滩离岸贸易赛道［N］．南方日报，2022 – 3 – 5.

3. 促进离岸贸易发展的其他政策。2021 年 9 月，国务院发布《关于推进自由贸易试验区贸易投资便利化改革创新的若干措施》，提出"释放新型贸易方式潜力，支持自贸试验区发展离岸贸易"。随后，中国人民银行会同外汇局联合发布《关于支持新型离岸国际贸易发展有关问题的通知》。

2022 年 1 月，国家外汇管理局广东省分局正式发布《中国（广东）自由贸易试验区广州南沙新区片区开展跨境贸易投资高水平开放外汇管理改革试点实施细则》，支持银行机构优化新型国际贸易结算措施，提升金融服务便利度，促进新型离岸国际贸易发展。

2022 年 2 月，广东省印发《关于推进广东自贸试验区贸易投资便利化改革创新的若干措施》，明确提出"支持南沙建设离岸贸易综合服务平台"。广州市第十二次党代会报告作出了"探索发展新型离岸国际贸易"的工作部署。

二、广州离岸贸易发展存在的问题

1. 交易真实性问题。因离岸贸易两头在外、见单不见货的特点，没有海关数据可以匹配资金流和货物流。企业从事离岸贸易业务一般可提供的电放提单、航空、铁路运单等并非物权凭证，无法充分佐证贸易真实性。而且，市场上还存在海运提单的伪造和买卖现象，假单、失效提单、重复提单、借单等层出不穷，这些都极大地增加了审核难度。

2. 外汇监管难。离岸贸易涉及跨境支付和外汇流动，外汇监管存在困难。一是由于资金流和货物流的分离。在"三流"分离的状态下，离岸贸易公司可能无法提供结汇、售汇和付汇要求的单据——报关单与外汇核销单等。二是目前中国人民银行征信系统基础数据库的企业资信信息尚不够全面，银行间信息不够透明，企业可在多家银行进行开户和授信，易造成重复开证、重复融资、超额融资、循环融资等现象。三是还需防止企业主体通过离岸贸易搞贸易融资套利，或借经常项目通道规避资本项目监管。

3. 专业化管理要求高。由于离岸贸易的监管范围涵盖了贸易者、监管机构、交易行为、金融服务等各个方面，专业化水平要求高，对监管提出了更高的要求。由于处于探索阶段，近年来，国家外汇管理局对离岸贸易的政策几经变化。2016～2020年，苏州市离岸贸易额从27.8亿美元下降至5.67亿美元，主要原因之一是部分跨国公司受外汇政策收紧影响将其离岸贸易业务迁出了苏州。① 广州也存在类似问题。

4. 税收政策吸引力不够。新加坡政府规定，参与全球贸易商计划的公司，其符合条件的贸易收入可适用5%或10%的企业所得税优惠税率。香港企业的利得税（即所得税）率为16.5%，且对企业的离岸业务收入免征所得税。而广州是25%。此外，境内离岸贸易企业作为中间商，其在业务开展中需要与货物供应商、进口商等多方签订合同，需缴纳印花税，这也提高了税收负担。

5. 程序烦琐，配套政策不完备，审核速度慢。银行出于防范风险的要求，在企业难以提交贸易真实性证明材料时，自然对办理收付汇存在顾虑。银行审核进度慢甚至"不敢做、不给办"，由此也形成了开展离岸贸易的"肠梗阻"。

---

① 唐晓东. 苏州：服务贸易发展水平和实力显著提升［J］. 服务外包，2023（11）：41 - 45.

业务申报相对复杂。按现行监管规定，离岸贸易需提交的文件比一般贸易结汇复杂得多。一批货物如多次发货、多次收汇，企业则需分次报送单据；如涉及的贸易主体超过三方等货物流转复杂情形，还需提前向外管部门备案。银行对此类单据的审核更为严格，审核时间更长，无法收付汇的情况因此增多。

离岸贸易发展所需相关基础设施和配套政策不完善。发展离岸贸易需要集聚大量的国际贸易机构、金融和服务机构、各类人才，具备高标准的金融开放度等条件。目前，广州这些条件有所欠缺。

第三节　我国香港地区的离岸贸易发展概况

一、香港发展离岸贸易的历程

我国香港地区的离岸贸易源于长期以来与内地的转口贸易。20 世纪 80年代，随着香港制造业转移到内地，香港的转口贸易快速发展。但进入 21 世纪以来，内地进一步扩大对外开放，也完善了港口设施，香港转口贸易优势逐步弱化。

不过，香港作为世界驰名的国际城市，是一个重要的国际商流、物流、资金流和信息流的中心。香港实行自由兑换货币制度，没有外汇管制，方便各国企业进行资金流动和结算。香港的金融体系发达，拥有世界一流的银行、证券市场和保险业。香港拥有高素质的人才和专业服务机构，可以为各国企业提供全方位的专业服务支持。

基于以上的原因，香港离岸贸易快速发展。据香港特区政府统计处网站数据，1988 年，香港离岸贸易额（包括转手买卖和与离岸交易有关的商品服务）为 1 377 亿港元，转口贸易额为 2 754 亿港元，离岸贸易规模是转口贸易的 50%。截至 2000 年，香港离岸贸易额达 14 250 亿港元，超过转口贸易额（13 917 亿港元）。

2014 年，香港离岸贸易额达到高峰 52 302 亿港元，而转口贸易额为36 175 亿港元，离岸贸易规模是转口贸易的 144.6%。

二、香港离岸贸易发展的现状

2022 年，香港离岸贸易涉及货值为 48 480.25 亿港元。表 8.4 列出了香港地区 2006~2022 年离岸贸易有关数据。

表 8.4　2006~2022 年香港离岸贸易发展情况

年份	离岸贸易货品价值		转手贸易活动			与离岸交易有关的商务服务		
	贸易额（百万港元）	环比（%）	贸易额（百万港元）	毛利（百万港元）	毛利率（%）	贸易额（百万港元）	佣金（百万港元）	佣金率（%）
2006	2 346 470	12.4	1 781 676	143 495	8.1	564 794	22 255	3.9
2007	2 658 938	13.3	2 072 686	161 326	7.8	586 252	24 633	4.2
2008	3 362 819	26.5	2 770 318	176 479	6.4	592 501	27 574	4.7
2009	2 931 156	-12.8	2 470 813	171 491	6.9	460 343	25 111	5.5
2010	3 886 299	32.6	3 337 403	203 325	6.1	548 896	30 126	5.5
2011	4 466 956	14.9	3 856 877	230 462	6.0	610 080	31 298	5.1
2012	4 668 957	4.5	4 045 616	239 021	5.9	623 341	33 146	5.3
2013	4 954 394	6.1	4 406 639	245 945	5.6	547 755	32 366	5.9
2014	5 230 242	5.6	4 733 141	250 904	5.3	497 101	33 030	6.6
2015	4 334 935	-17.1	3 871 864	243 407	6.3	463 071	32 100	6.9
2016	4 243 859	-2.1	3 797 923	245 477	6.5	445 936	31 609	7.1
2017	4 455 841	5.0	3 977 798	260 770	6.6	478 042	33 089	6.9
2018	4 827 418	8.3	4 317 526	275 756	6.4	509 892	33 910	6.7
2019	4 708 788	-2.5	4 204 380	266 721	6.3	504 408	31 071	6.2
2020	4 209 710	-10.6	3 771 284	235 667	6.2	438 426	26 064	5.9
2021	4 622 041	+22.6	—	268 765	5.8	—	28 733	+10.2
2022	4 848 025	+4.9	—	264 437	5.5	—	28 218	-1.8

资料来源：周骏宇.离岸贸易新业态的创新形态、问题与发展策略 [J].北方经贸，2024 (11)：21-24.

2022 年香港离岸贸易的主要目的地为美国、中国内地、德国、英国和日本，其中，美国约占 1/3，中国内地约占 1/5，如表 8.5 所示。

表 8.5　香港离岸贸易的贸易地理方向

目的地	年份	转手商贸活动的毛利（百万港元）	占比（%）	按年变动比率（%）	与离岸交易有关的商品服务佣金（百万港元）	占比（%）	按年变动比率（%）	离岸货品贸易的毛利及佣金总计（百万港元）	占比（%）	按年变动比率（%）
所有目的地	2019	266 721	100.0	-3.3	31 071	100.0	-8.4	297 793	100.0	-3.8
	2020	235 667	100.0	-11.6	26 064	100.0	-16.1	261 731	100.0	-12.1
	2021	268 765	100.0	+14.0	28 733	100.0	+10.2	297 498	100.0	+13.7
	2022	264 437	100.0	-1.6	28 218	100.0	-1.8	292 655	100.0	-1.6
美国	2019	92 908	34.8	-6.5	8 543	27.5	-9.5	101 451	34.1	-6.8
	2020	79 487	33.7	-14.4	7 183	27.6	-15.9	86 670	33.1	-14.6
	2021	86 745	32.3	+9.1	7 921	27.6	+10.3	94 666	31.8	+9.2
	2022	97 587	36.9	+12.5	7 848	27.8	-0.9	105 435	36.0	+11.4
中国内地	2019	59 844	22.4	-3.9	2 270	7.3	-7.3	62 114	20.9	-4.0
	2020	57 831	24.5	-3.4	1 804	6.9	-20.5	59 635	22.8	-4.0
	2021	71 332	26.5	+23.3	1 979	6.9	+9.7	73 311	24.6	+22.9
	2022	64 522	24.4	-9.5	1 943	6.9	-1.8	66 465	22.7	-9.3
德国	2019	14 566	5.5	-4.5	3 307	10.6	-9.6	17 874	6.0	-5.5
	2020	12 750	5.4	-12.5	2 749	10.5	-16.9	15 499	5.9	-13.3
	2021	15 048	5.6	+18.0	3 042	10.6	+10.7	18 091	6.1	+16.7
	2022	14 635	5.5	-2.7	2 671	9.5	-12.2	17 306	5.9	-4.3
英国	2019	17 843	6.7	+4.1	1 348	4.3	-7.9	19 191	6.4	+3.2
	2020	13 424	5.7	-24.8	1 075	4.1	-20.3	14 500	5.5	-24.4
	2021	19 074	7.1	+42.1	1 187	4.1	+10.4	20 261	6.8	+39.7
	2022	13 543	5.1	-29.0	1 036	3.7	-12.7	14 579	5.0	-28.0
日本	2019	12 320	4.6	-5.5	558	1.8	-6.1	12 878	4.3	-5.5
	2020	10 837	4.6	-12.0	435	1.7	-22.0	11 272	4.3	-12.5
	2021	11 435	4.3	+5.5	481	1.7	+10.6	11 916	4.0	+5.7
	2022	11 699	4.4	+2.3	437	1.5	-9.1	12 136	4.1	+1.8

资料来源：中国香港特区政府统计处网站，按主要目的地划分从离岸货品贸易赚取的毛利/佣金，[EB/OL].（2024-02-29）. https：//www.censtatd.gov.hk/tc/web_table.html? id=425-57011.

第四节　广州推动离岸贸易发展的对策

稳步推进离岸贸易发展可以从以下方面入手。

一、切实提高离岸贸易监管能力

一是银行应严格落实"展业三原则"，即"了解客户""了解业务""尽职审查"。对于贸易跨境人民币结算，银行应做好真实性审核。例如，可以通过提单查询机构、仓储公司、船公司网站等核实转口贸易的真实性。支持运用大数据、区块链等科技手段提高监管能力。

二是对先支后收项下收支间隔日期超过 90 天的以及同一合同项下转口贸易支出金额超过相应收入金额 20% 的，银行应严格审核业务单证，必要时可暂停为其办理支出业务。

三是对于离岸转手买卖业务的收支，监管方面要求实现"同一银行、同一网点、同一币种"的三个一致。为降低风险，可以要求先收后支。

四是可结合离岸贸易同类型、同规模、同业务内容等维度，设计相关风险管理指标，对企业进行风险画像，当企业收入、成本、利润等数据出现异常时，及时跟进作进一步核实。

五是本地经营要求。鉴于离岸贸易货物流不经境内，主要是合同、单据、资金在境内流转，企业对其实际经营地的设置灵活性较大。为此，需要求企业必须在当地进行实质性运营。使政策真正惠及从事离岸贸易的实体企业，避免企业利用税收优惠在政策施行地设立壳公司而恶意逃税。

二、学习兄弟城市经验，不断优化管理模式

离岸贸易作为国家明确支持的新型国际贸易方式，各地都在积极探索。目前主要有上海的白名单模式、天津的滨海模式、苏州的制定业态模式等几种模式。以天津滨海模式为例，离岸贸易天津滨海模式是一种在自贸区内，"属地行政主管部门＋外汇管理部门＋银行机构＋离岸贸易企业"四方合力支持开展新型离岸贸易的模式。目前，这一模式正不断拓展，越来越多的企

业从中受益。

上海市商务委和中国人民银行上海市分行于2019年1月建立了货物转手买卖贸易推荐企业白名单。这也是离岸贸易领域的一项重要创新。截至2021年底，白名单企业共有393家。2021年，上海自贸试验区企业的离岸转手买卖项下收支金额达475.58亿美元，同比增长68.47%，占全市比重约91.36%。[①] 2022年3月，上海市发布《关于支持虹桥国际中央商务区进一步提升能级的若干政策措施》，支持虹桥国际中央商务区内企业积极开展离岸贸易，进一步扩大离岸贸易企业白名单。

额度管理制度是指外汇部门根据名单企业每年交易量与申请，核定全年离岸贸易总额度及企业额度分配。在便利化额度内，银行仅凭企业指令办理业务，外汇部门对于额度执行情况进行全程监控、动态调整和事后抽查。

建议通过积极学习天津、上海等经验来建设广州版的离岸贸易企业白名单制度和额度管理制度。

三、申请适用于广州的财税优惠政策

从国外一些离岸贸易发达地区的做法来看，为支持离岸贸易的发展，许多地区对于离岸贸易都会给予一定的税收优惠。对于我国来说，一方面，离岸贸易快速发展需要税收政策有力支撑；但另一方面，又不能仅仅依靠低税率来发展离岸贸易，要避免各地通过向中央争要税收优惠政策或是违规减免税收来发展离岸贸易。

目前，与离岸贸易有关的支持性文件主要有《财政部 税务总局关于海南自由贸易港企业所得税优惠政策的通知》。该文件规定，对注册在海南自贸港并实质性运营的鼓励类企业，企业所得税按15%的优惠税率征收。此外，还有上海自贸区的离岸贸易印花税免征政策等。

建议向国家主管部门提出申请，请求将海南自由贸易港企业适用的离岸贸易低税率优惠政策、上海自贸区的离岸贸易印花税免征政策适时推广至广州自贸片区。

---

① 余路平. 上海离岸贸易现状评价及统计监测方法探索 [J]. 统计科学与实践，2023（5）：23－26.

四、办好"离岸易"平台，积极对接其他城市平台

2021 年，上海自贸区推出了全国首个利用境外数据支持贸易真实性审核的平台——"离岸通"。该平台以大数据为支撑，整合国际海运数据、港口装卸数据、海关报关数据，为银行提供企业开展离岸业务的验证服务。

该平台将离岸贸易全过程数据化和可视化，进而通过数据归集共享与分析，辅助判断企业相关业务是否真实发生。借助离岸通，企业和银行可以在合同、提单等资料不完整的情况下查询到完整的境外物流流程，大大提升了审核的便利性。

而北京也建设了"京贸兴"新型国际贸易公共服务平台。该平台通过构建数字化平台赋能"银行、企业、监管、地方"四大服务主体，主要有四个板块：一是贸易智能核验评估模块，帮助银行高效、便捷地对每一笔结算的贸易真实性进行判断；二是数据查询辅助管理模块，通过一站式整合多维度的国际主流数据源，提升各方对相关数据的获取能力和效率，以及对于贸易风险、境外交易对手相关风险的评估能力；三是风险监测动态预警模块，帮助银行及企业强化离岸贸易业务风控管理能力；四是业务数据发展统计分析模块，通过宏观把控离岸贸易发展情况，为政策出台、政务服务优化提升提供数据支撑。

不过，系统平台的建设与维护不仅周期长、费用高，还涉及大量与境外船公司、港口、海关等单位的协商和数据对接，由各地自主进行研发和境内外协调，既增加了难度，又容易导致资金与工作的重复浪费。建议由国家外汇局或其指定单位牵头，整合国内现有平台系统，统一协调各方资源，打造一个高效、权威、准确的国家级新型离岸贸易信息服务平台。

对于广州而言，一方面要办好"离岸易"平台；另一方面要预留接口，准备与兄弟城市平台或国家统一平台对接、共享。

第九章　其他外贸新业态

本章分析了其他多种形式的外贸新业态，包括海外仓、保税物流、保税维修、保税展示交易、邮轮旅游等。在这些领域，广州也取得了不凡的成果。

第一节　海外仓

一、海外仓概念

海外仓的作用主要是提供更高效的物流、更灵活的库存管理与售后服务。它有诸多分类，如以商品种类区分的一般与危险品海外仓，以经营方式区分的自营海外仓、第三方平台型海外仓，以及以服务方式区分的一般服务方式海外仓与代发服务方式海外仓。

海外仓位于目标市场国家，可以提供更加本地化的服务。如提供当地的物流配送、售后服务等；可以批量存储商品，降低成本；可以实现快速配送，缩短配送时间，提高物流效率；可以提供更加及时和有效的退换货服务，如快速处理退换货请求、提供免费退换货等；可以扩大销售范围，提高销售额；可以协助处理通关手续，提高通关效率。

海外仓的主要服务内容如表9.1所示。

表9.1　海外仓的主要服务内容

项目	内容
订单处理	卖家在电商平台发布销售信息，海外仓接收订单并进行核对和备货
入库/准备	商品入库，进行拍照、称重等处理，为发货做好准备

续表

项目	内容
打包/发货	根据不同的运输方式进行打包，确保商品安全快速地被送到买家手中
售后/退货	处理买家的退货请求，协调厂家和买家之间的交流
库存管理	进行库存管理，如定期盘点、质量检查和库存补充

资料来源：刘馨蔚. "海外仓"让中国与世界联通更"亲密"[J]. 中国对外贸易，2024（8）：58－59.

二、海外仓发展历程及成效

1. 发展历程。海外仓的出现是为了更好地满足境内外跨境电商消费者的需求。海外仓起源于留学生通过网络平台销售国内商品或是进口商品。

2003～2006 年，一些早期卖家开始尝试将货物存放在留学生公寓或车库，这可视为海外仓的早期形式。2006～2008 年，专业的第三方海外仓开始出现，如出口易、递四方等。从 2010 年起，随着跨境电商的兴起，一些大型卖家开始在海外自建仓库。2013～2014 年，平台型仓库如亚马逊 FBA、eBay 万邑通等开始崛起，迅速占领市场。2015～2016 年，跨境电商卖家数量剧增，海外仓服务开始全球布局，并出现了退换货、金融结汇等增值服务。近年来，海外仓进入 2.0 时代，可以提供更加多元化的服务，如集中转、退换货、加工维修等。

目前，"跨境电商＋海外仓"模式已经发展成熟。在此背景下，越来越多的外贸企业开始在海外设立仓储设施，拉近自身与海外客户的距离。截至 2022 年，中国已在世界各地建设海外仓超过 2 500 个，这些海外仓不仅服务于中国卖家，也成为当地电商发展的重要基础设施。在后疫情时代，海外仓发挥了重要作用，尤其是在稳定畅通产业链供应链方面。

专栏

速卖通（AliExpress）与海外仓

速卖通作为阿里巴巴集团旗下的跨境电商平台，已经在全球多个国家和地区建立了海外仓，以提升物流效率和改善消费者体验。早在 2019 年，速卖通就计划在全球 18 个国家拓展 94 个海外仓，覆盖包括美国、俄罗斯、泛欧区域等核心买家市场。此外，速卖通推出了"X 日达"项目，通过海外仓服务，能够在指定的时间内将商品送达消费者手中。例如，在韩国，速卖通通过威海仓实现了 3～5 日的快速物流时效。

资料来源：郦瞻，郑浩. 跨境电子商务平台的商业模式研究——以速卖通为例［J］. 中国商论，2022（23）：42 - 47.

2. 发展成效。海外仓近年来在全球范围内迅速扩张，在规模和数量上都取得了显著成绩。目前，中国在海外建设的海外仓数量已超过 2 500 个，面积超过 3 000 万平方米。

海外仓也正在引入智能管理系统。亚马逊平台的送仓计划提供头程轨迹，使配送和仓管规划更加方便。菜鸟公司将头程仓及航线向产业带方向迁移，实现在 72 小时内全球送达。

在未来，海外仓会向智能化与定制化等方向发展，满足消费者多样化、个性化的需求。

3. 代表性城市。截至 2023 年底，杭州企业在境外自建、合作、租赁的海外仓共有 362 个，总面积达到 785.75 万平方米，覆盖 41 个国家和地区。这得益于杭州在海外仓方面的政策引导和鼓励。杭州联动菜鸟、堡森三通、佳成国际等海外仓重点企业持续完善了海外仓境外布局。①

三、广州海外仓发展成效及现状分析

截至 2023 年 6 月，广州中远海运、高捷、卓志、品晟等多家企业建设海外仓 66 个，覆盖全球 28 个国家和地区，服务于 8 万余国内外客户。其主要分布在美国、英国、德国、法国、马来西亚、加拿大、中国香港等国家和地区。

代表性企业广东盈浩工艺制品有限公司在 2024 年上半年通过跨境电商 B2B 方式出口到海外仓进行分拨销售的货物总货值超 5 500 万元人民币，同比增长近两倍。②

---

① 江芬芬，陈鑫. 海外仓：跨境电商"新战场"［N］. 南京日报，2024 - 12 - 19（A04）.
② 张晓华. 广州跨境电商综试区发展策略研究［J］. 财富时代，2022（3）：183 - 185.

广东省和广州市均出台了系列鼓励政策。广东省人民政府在《关于推进跨境电商高质量发展的若干政策措施》中提出，"到 2025 年，争取海外建仓数达到 500 个、建仓总面积超过 400 万平方米，逐步形成专业化、智能化海外仓网络"，并鼓励企业在"一带一路"共建国家和地区、RCEP 成员国开展海外仓建设，扩大欧美市场海外仓布局。

第二节 保税物流

一、保税与保税物流

保税（underbonded），即海关对货物"保留征税权"。保税制度是一种国际通行的海关制度，始创于英国。保税即为暂时免交税赋，具有简化货物通关手续、减少企业资金占用、降低贸易成本等优点。但需要注意的是，保税不等于免税，其仅是推迟税收过程，在特定条件下，如完成境内销售等，仍然需要依照相关规定上交赋税。

保税物流是保税制度下派生出的一种物流服务形态，其目的在于提高保税业务的运行效率，从而降低进出口、转口贸易的通关成本和物流运行成本。保税物流是办理了保税手续的货品在相应保税监管区域、场所或网点之间的流通，包括保税货物的采购、存储、简单加工、增值服务、检测、维护、配送、分拨、分销、运输、流转、调拨等。

保税物流载体分为特殊区域和保税场所，前者有综合保税区、保税区、保税港区、跨境工业区、出口加工区和保税物流园区六种类型，后者有保税仓库、出口监管仓库、保税物流中心（A 型、B 型）三种类型。其中，A 型保税物流中心是指由境内一家独立法人企业设立并经营，只开展保税物流仓储业务的特殊监管区域；B 型保税物流中心是指由一家境内独立法人企业经营，多个公司入驻开展保税物流仓储服务的特殊监管区域。综合保税区作为国家开放型经济建设的重要平台，具有"进境保税、入区退税、区内免税"的政策优势，在发展对外贸易、吸引外商投资等方面发挥着重要作用。

二、保税物流发展历程及成效

1. 发展历程。国内现代保税区的建设开始于 1990 年。经中央批准，上海设立了首个保税区——上海外高桥保税区。

我国于 2000 年开始设立出口加工区，这是继保税区之后又一个国家级特殊对外开放区域，其设立与加工贸易相关。2003 年开始设立保税物流园区，2005 年开始设立保税港区，2007 年开始设立综合保税区。

2. 发展成效。

（1）设施方面。截至 2019 年 1 月，我国共有海关特殊监管区域 140 个。其中，保税区由 15 个整合为 10 个，出口加工区由 65 个整合为 14 个，保税物流园区由 10 个整合为 4 个，保税港区 14 个，综合保税区 96 个。

截至 2021 年底，全国共有保税区 168 个，其中，综合保税区 155 个，保税区总规划面积约为 450 平方千米。此外，全国先后设立了保税物流中心、保税仓库、出口监管仓等保税监管场所 700 余个。[①]

（2）成效方面。研究数据显示，2023 年，全国保税物流中心的进出口总额达到 2 363 719.24 万美元，其中，出口额为 715 946.34 万美元，同比增长 5.7%；进口额为 1 647 772.9 万美元，同比增长 9.3%。[②]

海关总署数据显示，2024 年 1 ~ 5 月，全国保税物流中心进出口贸易总额为 687.6 亿元，其中，出口额为 184.76 亿元，进口额为 502.85 亿元，与同期相比涨幅为 6.58%。

3. 代表性城市。

2023 年全国保税物流中心出口额前五位数据如表 9.2 所示。

表 9.2　2023 年全国保税物流中心出口额前五位

保税物流中心	出口总额（万元）	增长率（%）
漳州台商投资区	703 921	13.89
深圳机场	676 785	13.44

---

① 李爱敏. 保税型物流园区经营发展特点分析 [J]. 商场现代化，2022（10）：43 - 45.

② 张润东，李东卿. 我国保税区演进历程、动力机制及创新发展研究 [J]. 华北理工大学学报（社会科学版），2024，24（6）：41 - 46.

续表

保税物流中心	出口总额（万元）	增长率（%）
东莞清溪	478 763	9.70
重庆铁路	204 223	4.05
泉州石湖港	198 037	3.93

资料来源：根据海关总署数据整理。

2024 年 1～5 月全国保税物流中心进出口额前五位数据如表 9.3 所示。

表 9.3　2024 年 1～5 月全国保税物流中心进出口额前五位　　单位：万元

保税物流中心	进出口总额	出口总额	进口总额
北京亦庄	1 000 833	10 504	990 329
防城港	604 550	4 412	600 138
大丰港	538 539	96 813	441 726
义乌	504 065	41 439	462 626
深圳机场	482 673	170 582	312 091

资料来源：根据海关总署数据整理。

北京亦庄保税物流中心于 2011 年立项，位于北京经济技术开发区，总占地约 20 万平方米。2024 年 1～5 月，北京亦庄保税物流中心的进出口总额超过 100 亿元，位列全国第一。

三、广州保税物流发展成效及现状分析

目前，广东省综合保税区共有 13 个。2023 年广东综保区保税物流业务进出口值为 1 394.25 亿元，同比增长 16.8%。

广州市商务局在 2024 年 4 月 7 日发布的文件中所提出的措施如表 9.4 所示。

表 9.4　《广州市促进保税物流创新发展若干措施》主要内容

措施	内容
推动开展保税物流业务	鼓励开展保税物流业务；支持做大业务规模
发展保税物流重点项目	打造国际贸易分拨集拼枢纽；建设粤港澳大湾区保税燃料加注中心；打造华南地区国际租赁项目集聚地

续表

措施	内容
加大平台建设发展力度	促进综合保税区高质量发展；提升进口贸易促进创新示范区能级；打造中欧班列集拼中心
强化服务保障	优化通关全链条全流程；着力构建多式联运体系；探索政策制度创新突破；完善保税物流服务体系

资料来源：姚嘉莉，陈琳，邓纯. 粤保税物流规模迎高增长［N］. 深圳商报，2024 - 05 - 08（A08）.

2023 年，广州市保税物流进出口达 1 035.8 亿元，约占全市外贸 10%。但与省内的其他保税物流中心发展相比，广州市的保税物流发展相对落后。

2024 年 1 ~ 4 月广东省保税物流中心进出口额前五位数据如表 9.5 所示。

表 9.5　2024 年 1 ~ 4 月广东省保税物流中心进出口额前五位

保税物流中心	进出口总额（万元）	省内占比（%）
深圳机场	482 673	52.0
东莞清溪	242 180	26.1
中山	133 199	14.4
湛江	52 807	5.7
佛山国通	10 711	1.2

资料来源：姚嘉莉，陈琳，邓纯. 粤保税物流规模迎高增长［N］. 深圳商报，2024 - 05 - 08（A08）.

第三节　保税维修

一、保税维修概念

保税维修是指以保税方式将存在部件损坏、功能失效、质量缺陷等问题的货物从境外运入区域内进行检测、维修后复运出境，或将待维修货物从境内区外运入区域内进行检测，维修后复运回境内区外。

保税维修的特点是维修过程全程保税、全程海关监管，主要针对自产或者代工产品的保税维修和第三方保税维修。因而，保税维修实质上是制造业和服务业的融合，具有一定的技术含量和附加值。发展保税维修业务能促进产业链的延伸和价值链的提升。目前,可以开展保税维修业务的海关特殊监管区域有保税区、出口加工区、保税港区、综合保税区等。

专栏

哪些企业可以开展保税维修业务?

具备开展保税维修业务资格的企业,需要满足以下条件:

一是海关认定的企业信用状况为一般信用及以上;二是企业应当具备开展该项业务所需的场所和设备,对已维修货物、待维修货物、无法维修货物、维修用料件、维修过程中替换下的旧件或坏件、维修过程中产生的边角料等进行专门管理;三是企业应当建立符合海关监管要求的管理制度和计算机管理系统,实现对维修耗用等信息的全程跟踪,并按照海关要求进行申报;四是符合海关监管所需的其他条件。

开展保税维修企业需设立保税维修专用账(手)册,建立待维修货物、已维修货物、无法维修货物等信息的电子底账。之后在办理通关时,向海关提交如对外签订的维修合同等材料,并按照"维修货物""维修用料""边角废料"等申报方式进行申报。

资料来源:刘晓庆,宋慧玉.综合保税区保税维修政策简析 [J]. 中国海关,2021 (12):54 – 55.

二、保税维修发展历程及成效

1. 发展历程。

2007 年 4 月,海关总署发布通知,允许出口加工区内企业开展国产出口货物的售后维修业务试点。

2012 年 12 月,经海关总署批准,在当时的上海松江出口加工区、上海漕河泾出口加工区内十二家企业开展内销货物返区维修试点。

2015 年 12 月,海关总署发布了《关于海关特殊监管区域内保税维修业务有关监管问题的公告》,区内维修的规章制度基本成型。

2019 年,国务院印发《关于促进综合保税区高水平开放高质量发展的若干意见》，明确提出允许综保区内企业开展高技术、高附加值、符合环保要求的保税检测和全球维修业务。

2020 年 5 月，商务部、生态环境部、海关总署联合发布《关于支持综合保税区内企业开展维修业务的公告》，首次形成多部委联合推进的格局。

2. 发展成效。海关总署数据显示，2021 年，全国综保区内保税维修业务进出口值 1 856.7 亿元，同比增长 3.8%。可见，保税维修是综合保税区高质量发展不可或缺的一部分。①

3. 代表性城市。据海关数据，2024 年一季度上海市保税维修进出口额为411.2 亿元，同比增长 313.2%，其中，出口额为 194.9 亿元，进口额为216.3 亿元。②

上海洋山海关指导企业规范账户设立、料件管理、边角料处置、货物申报等流程，同时运用"一物一码"生产管理系统实现业务全流程可溯源。上海青浦海关在开展飞机保税维修业务时，根据航空发动机维修特点，促进企业端系统与海关系统的对接，海关通过"无感"监管提升服务效能，为企业开展相关业务降本增效。

三、广州保税维修发展成效及现状分析

2021 年上半年，广州白云机场综合保税区航材零部件进出口货值达14.65 亿元人民币，同比增长 23%，验放进境维修飞机 52 架次，同比增长73.3%。在广州海关的指导下，顺达电脑厂有限公司设立了全国首本"金关二期海关特殊监管区外保税维修电子账册"。自该账册设立一年以来，进出口保税维修货物 25 票，进出口值达到 6 000 多万元人民币，维修费收入增加70 多万元。③

2022 年 7 月，广州商务局在《广州市促进综合保税区高质量发展实施意见》中提及促进保税维修发展，要求"发展壮大综保区内医疗器械、飞机、

①　马青华，单继光，黄俊. 保税维修新业态监管实务探讨［J］. 中国海关，2024（6）：82 - 84.
②　龚琦. 拓展空间推动创新 促进浦东保税维修集聚发展［J］. 上海人大月刊，2024（12）：12 - 13.
③　晏澜菲. 保税维修行业乘势启航［N］. 国际商报，2024 - 07 - 10（003）.

通信器材等高技术、高附加值、符合环保要求的全球维修业务，设立保税维修专用账册，合理确定账册核销周期"，并"鼓励企业开展区内船舶、轨道交通、工程机械、数控机床、精密电子等产品入境维修和再制造，促进'以生产订单带动维修订单、以维修订单促进生产订单'的良性循环"。

第四节　邮轮旅游

一、邮轮旅游历史

邮轮旅游（cruise tourism）由传统远洋客轮逐渐发展而来，是以海上大型旅游客船为旅游工具，以沿线港口为陆上目的地和中转地，集海上游览、到岸观光、度假、餐饮、住宿等多种功能于一体的一种组合型高端海洋休闲旅游。邮轮旅游线路可分为四类，即环球航游、远洋航游、周边航游和近岸航游。

纵观全球邮轮市场，邮轮旅游活动的主要区域包括加勒比海地区、地中海区域、波罗的海区域、亚洲/南太平洋、阿拉斯加、墨西哥西海岸等地。若以航线为划分依据，全球邮轮航线主要集中在地中海（712条航线）和美国东南沿岸的加勒比海地区（680条航线）。

全球前三位始发港航线如表9.6所示。

表9.6　全球前三位始发港航线

名称	数量（条）	占比（%）
美国劳德代尔堡	299	6.01
荷兰阿姆斯特丹	267	5.36
美国迈阿密	259	5.20

资料来源：林冰洁. 全球邮轮航线网络结构及区域差异研究 [J]. 旅游学刊，2020（11）.

国际邮轮市场也逐渐恢复往日繁华。如表9.7所示，据国际邮轮协会预测，2024年全球邮轮游客预计达3 600万人次，与2019年相比，增长率超过20%。预计在2027年高达3 950万人次。

表 9. 7　2019～2023 年全球邮轮市场游客数量　　　　单位：百万人次

项目	2019 年	2020 年	2021 年	2022 年	2023 年
数量	29. 7	5. 8	4. 8	20. 4	31. 5

资料来源：曲超. 邮轮旅游目的地竞争力评价指标研究 [J]. 中国水运，2024 (24)：25 - 27.

二、邮轮旅游在国内的发展

2006 年，歌诗达"爱兰歌娜号"邮轮到访我国，在上海开辟了我国历史上第一条以中国港口为起始港的国际邮轮航线，由此实现了邮轮零的突破。以此作为我国邮轮业的元年，至今也已有近二十年的历史。

自 2008 年以来，国家发改委、交通运输部等部委和地方政府出台了一系列促进邮轮产业发展的文件和政策，致力于以邮轮产业带动相关产业的发展。

得益于相关政策，全国各地积极打造邮轮旅游生态。包括上海北外滩和吴淞口、天津滨海新区、深圳太子湾、厦门、三亚凤凰岛、青岛、舟山、广州南沙等在内的 9 个现代邮轮港陆续建成，温州、大连、连云港、海口 4 个货运港被升级改造成邮轮港。

2013～2020 年国内邮轮发展状况如表 9.8 所示。

表 9.8　2013～2020 年国内邮轮发展状况

年份	接待总量（艘次）	邮轮出入境游客数（万人次）
2013	406	120. 15
2014	466	172. 37
2015	629	248
2016	1 010	456. 66
2017	1 181	495. 5
2018	969	490. 7
2019	804	415. 4

资料来源：徐珏慧. 中国邮轮业发展形势研判及沿海邮轮产品发展思考 [J]. 中国港口，2022 (6)：25 - 27.

2019 年，国内邮轮旅游总体上呈增长趋势，接待总量和邮轮出入境人数稳中有进。邮轮出入境游客数从 2013 年的 120. 15 万人次提高到 2019 年的 415. 4 万人次，增长了 2. 46 倍。

2020 年，因受新冠疫情影响，国内外邮轮旅游市场动荡，此后陷入停滞。例如，公主邮轮母公司嘉年华集团 2020 年第一季度净亏损 7.81 亿美元；2020 年 3 月，日本神户夜光邮轮公司提交破产申请。此后，多家国际邮轮集团先后提交破产申请，邮轮行业受到猛烈冲击，各大邮轮公司纷纷取消了始发和访问我国（包括广州南沙）的邮轮航次，国内邮轮旅游市场也基本停滞。①

2023 年 3 月 30 日，交通运输部印发《国际邮轮运输有序试点复航方案》，按照"先开展试点，再逐步放开"的要求，明确在上海、深圳邮轮港口两个水路口岸有序推进国际邮轮运输试点复航。至此，邮轮产业逐渐摆脱阴霾，开始恢复往日生机。

试点复航以来，国内邮轮旅游发展欣欣向荣。2023 年全年中外旅客运输量达 10.7 万余人次；2024 年一季度超 19 万人次，呈现快速恢复和增长态势。②

国产首艘大型邮轮"爱达·魔都号"（Adora Cruises）自 2022 年 11 月揭幕至今，已成功运营 30 多个航次，树立了我国邮轮自主品牌全新标杆。而第二艘大型邮轮在 2024 年 4 月进入下坞总装阶段，标志着我国具备了大型邮轮自主建造能力。

我国邮轮旅游发展试验区的设立时间如表 9.9 所示。

表 9.9　我国邮轮旅游发展试验区的设立时间

批准时间	邮轮港口
2012 年	上海
2013 年	天津
2016 年	深圳、青岛
2017 年	福州、大连

资料来源：黄育民，郭子辉．广州打造邮轮旅游产业链优势和途径探讨［J］．新经济，2021（7）：9 - 13.

上海是国内首个邮轮旅游发展示范区，天津、大连、青岛港均为我国邮轮旅游发展实验区。此外，还有国内内河邮轮代表武汉港、以对台旅游为主的厦门港等多个邮轮旅游区域。

---

① 郑一峰．后疫情时期广州南沙国际邮轮母港发展对策［J］．中国港口，2021（5）：29 - 31.
② 李雯珊．邮轮经济按下"加速键"上下游企业持续深耕［N］．证券日报，2024 - 06 - 26（A03）.

三、广州邮轮旅游发展成效和现状分析

2016 年 1 月，丽星邮轮"处女星号"正式通航，广州邮轮产业实现从无到有的跨越。此后，星梦邮轮"云顶梦号"、歌诗达邮轮"维多利亚号"等纷纷在此执航。

2016 年，广州南沙国际邮轮码头运行首年即运营国际邮轮 104 艘次、进出港旅客达 32.6 万人次，南沙自贸区邮轮旅客规模连续三年居大湾区首位、全国第三。

2018 年，南沙港邮轮进出境旅客数量超 47 万人次；2019 年 11 月，南沙国际邮轮母港开港首航，标志着南沙邮轮旅游事业掀开新篇章。

以云顶邮轮集团为例，2016 ~ 2018 年，云顶邮轮集团在广州南沙接待旅客人次超过 112 万，年均接待数近 40 万人次，这是广州南沙邮轮旅游发展态势良好的一个缩影。①

广州市政府高度重视邮轮产业的发展，出台了多项扶持政策，如《广州南沙新区（自贸片区）促进邮轮产业发展扶持办法》，为邮轮产业的发展提供了有力的政策支持和资金扶持。在邮轮出入境便利化、促进邮轮旅游新业态发展、提升邮轮运营服务质效三方面提出多项措施。

自 2024 年 5 月 15 日起，广州南沙邮轮口岸已正式实施外国旅游团入境免签 15 天政策。同时，南沙邮轮口岸还获批成为广东省外国人 144 小时过境免签政策的入境口岸。

第五节 保税展示交易

一、保税展示交易

保税展示交易是指在综合保税区等海关特殊监管区域内经海关注册登记

---

① 秦霜，史健勇. 广州与深圳邮轮母港竞争力实证研究［J］. 中国水运，2020（12）：17－19.

的企业，将特殊区域内保税货物按照有关要求办理相关手续后，运至特殊区域规划面积以内、围网以外综合办公区专用的展示场所或者海关特殊监管区域以外的其他固定场所进行展示、销售的经营活动。

保税展示交易与传统一般贸易模式的最大差别是：一般进口模式下货物从境外进口即需办理报关、缴税手续；而在保税展示交易模式中，货物以保税状态进口，凭保出区展示过程中货物发生内销才缴纳税款。保税展示交易有减少资金占用、加快商品流通速度等作用。其适用范围为经海关注册登记的海关特殊监管区域、保税物流中心（B型）内企业。

专栏

如何开展保税展示交易

保税展示交易作业流程：业务申报表备案、出区申报、核放单申报、货物返区申报、销售货物申报和业务申报表结案。具体为：从境外进入特殊区域的货物，企业应向海关申报进境备案清单，备注栏标注"保税展示"字样；经营企业向海关提供担保（保证金或银行保函，与税款相等，内销后转税）后，才可将保税货物运出特殊区域进行展示；展期届满，企业可以将保税展示货物退运回特殊区域，也可以办理进口通关的手续，担保额度即可返还；经海关核准，企业可自销售货物之日起30天内，向海关集中办理进口通关手续，报关单上应写上"保税展示"的字样（集中申报不得跨年度办理）。

资料来源：王刚，张维，李艳林. 保税展示交易实操指南［J］. 中国海关，2023（3）：30-32.

二、广州保税展示交易发展的成效

广州市的三大综保区（南沙、黄埔、白云机场）均可开展保税展示交易。2007年，广州保税区国际食品展示中心正式开业，该中心是国内首家规模最大的专业国际食品展示与交易平台，同时，集展示、交易、进口、销售的经营模式于一身。

专 栏

"粤港澳名家书画展" 保税展览

广州南沙海关为确保企业顺利开展保税文化产品出区展示，为企业定制监管方案，实行海关驻场监管，运用人员监管与视频监管多种模式结合，为企业免除了保证金缴纳，同时还叠加了提前申报、网上办理、快速放行等海关创新措施，为企业快速办理境外保税艺术品的进出区通关手续，有效保障了"粤港澳名家书画展"保税展览的顺利举办。

资料来源：刘珊. 开放，再开放 [N]. 南方日报，2023 – 11 – 21 （AA3）.

2009 年，广州保税区国际酒类交易中心正式运营，其进口量至多时占全省 20% 以上，成为华南地区最大的原装原瓶进口葡萄酒基地。该中心先后成功举办省国际酒饮博览会、市葡萄酒文化节等大型展览活动，也成功组织过多次保税展示交易。①

---

① 严钰. 广州保税区打造葡萄酒交易航母 [N]. 民营经济报，2009 – 11 – 11 （010）.

参考文献

1. 白光裕，王印琪，梁明．我国贸易新业态新模式发展存在的问题及对策研究［J］．国际贸易，2021（9）．

2. 白舒婕．跨境电商助企业跨过激流险滩［N］．国际商报，2022－4－21．

3. 宾红霞．口岸便利化改革的"南沙实践"辐射全国［N］．南方日报，2019－4－19．

4. 蔡宛均．上海全力推进数字贸易发展［N］．国际商报，2019－7－31．

5. 曹晓昂．平行进口遇冷的背后［J］．汽车纵横，2015（9）．

6. 查贵勇．我国发展国际中转集拼业务的思考［J］．产业创新研究，2020（11）．

7. 常崑．承包工程境外采购信用证结算风险防范［J］．中国外汇，2023（2）．

8. 陈芳．推进离岸国际贸易发展 政策支持力度不断加码［N］．上海证券报，2021－11－19．

9. 陈海曦．中欧班列促进亚欧大陆桥运输产品供给研究［D］．北京：北京交通大学，2023．

10. 陈汇才．基于外贸新业态培育促进潍坊市外贸转型升级研究［J］．潍坊学院学报，2023（6）．

11. 陈会文．港航业"智慧化"建设逐步推进［J］．中国港口，2018（4）．

12. 陈婧．我国外贸服务企业传统商业模式的创新研究［D］．泉州：华侨大学，2017．

13. 陈玲玲，翟会颖，张媛媛，等．中欧班列对中欧贸易的影响——基于贸易引力模型和双重差分模型［J］．商业经济研究，2020（19）．

14. 陈千湖．我国自贸区平行进口汽车发展策略研究［J］．环渤海经济瞭望，2021（10）．

15. 陈卫东，曹鸿宇．海南自贸港离岸贸易发展及支持措施研究［J］．海南金融，2022（3）．

16. 陈晓．加快培育贸易新业态新模式［N］．南方日报，2018 - 4 - 20．

17. 陈中明．数字贸易背景下广东省跨境电商生态圈构建研究［J］．商场现代化，2023（23）．

18. 池明磊．前 11 个月天津口岸平行进口汽车 3.34 万辆［N］．中国国门时报，2023 - 12 - 22．

19. 崔凡．发展新型离岸贸易、推动制度集成创新［J］．中国外汇，2021（12）．

20. 崔征．深圳海关保税物流监管模式优化研究［D］．深圳：深圳大学，2022．

21. 戴跃华．上海数字贸易发展的瓶颈和对策［J］．科学发展，2020（8）．

22. 单毅．离岸贸易"滨海模式"首单业务落地［N］．滨城时报，2022 - 6 - 3．

23. 邓崎凡，张世光．书写壮美奋斗新篇章［N］．工人日报，2024 - 3 - 3．

24. 丁宁．新时代中国培育贸易新业态新模式研究［J］．内蒙古财经大学学报，2019（9）．

25. 丁洋洋，成黎明．商业银行支持外贸新业态新模式发展的实践与对策［J］．金融纵横，2022（1）．

26. 董临瑞．我国保税物流中心的法律监管问题研究［J］．商品与质量，2011（12）．

27. 董武英．供给缺位、政策解禁，新能源皮卡会成为下一个风口吗［J］．企业观察家，2022（6）．

28. 段雨欣，林志刚，张帆．我国跨境电商发展现状、问题与对策探析

［J］．物流研究，2024（1）．

29．方琦平．上海"保税维修"业务发展及促进策略思考［J］．中国设备工程，2019（5）．

30．方行明，鲁玉秀，魏静．中欧班列开通对中国城市贸易开放度的影响——基于"一带一路"建设的视角［J］．国际经贸探索，2020（2）．

31．房伟，郭庆利．自贸试验区平行进口汽车业务前景分析——基于银行金融服务视角［J］．港口经济，2016（12）．

32．封永梅．自贸区背景下广西平行进口汽车贸易问题与对策研究［J］．产业创新研究，2023（4）．

33．冯乾彬，张沁雪，廖宇新．中欧班列对中国与沿线国家双边贸易效率及潜力的影响研究［J］．工业技术经济，2022（7）．

34．高疆，盛斌．跨境数据流动与数字贸易：国内监管与国际规则［J］．国际经贸探索，2024（6）．

35．高金平．新发展格局下税收助力离岸贸易发展的若干建议［J］．国际税收，2022（3）．

36．龚旭．"一带一路"背景下中欧班列与班轮竞合博弈及政策优化模型研究［D］．武汉：华中科技大学，2023．

37．郭凯，陈浩．强化制度系统集成创新 推动新型离岸贸易发展［J］．中国外资，2023（6）．

38．郭晓鑫，葛维晶，支琪，等．我国汽车平行进口发展现状分析及前景研究［J］．小型内燃机与车辆技术，2016（10）．

39．郭永泉．中国外贸新业态比较及发展策略研究［J］．海关与经贸研究，2020，41（2）．

40．国家统计局广州调查队课题组．广州汽车产业优劣势分析［J］．中国国情国力，2020（2）．

41．何进福．外综服务企业出口退税管理政策的执行难点及完善建议［J］．企业改革与管理，2019（4）．

42．贺学贵，贺骥．粤港澳大湾区应用型本科院校跨境电商人才培养模式探索［J］．中阿科技论坛，2023（10）．

43．洪静，池明磊，陈嵩．精解小轿车及越野车进出口商品归类技术特性要求变化与申报重点［J］. 中国海关，2023（8）.

44. 侯若旭，高蒙蒙. 跨境电商应用型人才培养存在问题及模式探寻［J］. 中国战略新兴产业，2024（8）.

45. 侯小菲，天津港平行进口汽车发展研究［J］. 社科纵横，2017（12）.

46. 胡必亮. "一带一路"的实践探索——对江苏、浙江、广东的调查［J］. 中国科学院院刊，2023（10）.

47. 胡淼，平行进口汽车逆势"飘红"［N］. 滨海时报，2016-2-19.

48. 胡深策. Y市"市场采购贸易试点"实施中的府际协同问题研究［D］. 上海：上海师范大学，2024.

49. 黄丙志，刘宗沅. 新技术涌现下新型国际贸易业态模式发展和制度瓶颈突破——以外贸综合服务平台发展为例［J］. 科学发展，2022（10）.

50. 黄舒旻. 广州"数字出海"如何行稳致远［N］. 南方日报，2023-2-28.

51. 黄舒旻. 穗企"闪耀"世界级服贸舞台［N］. 南方日报，2022-9-2.

52. 姜永宏，汪江，赵永亮. 外贸服务业新业态的演变价值：基于分工理论的阐述［J］. 管理世界，2015（1）.

53. 蒋邵衡，胡琳子，李星驰，等. 自贸区发展平行进口汽车相关问题的探析［J］. 检验检疫学刊，2018（8）.

54. 蒋伟. 外贸新业态视角下跨境电商业态融合创新发展的路径研究［J］. 对外经贸实务，2022，（12）.

55. 揭昊. 市场采购贸易方式试点研究［J］. 管理现代化，2021，41（2）.

56. 孔令雯. 海关总署：我国对"一带一路"沿线国家进出口同比增长16%［N］. 现代物流报，2023-5-10.

57. 蓝庆新，童家琛. 我国外贸新业态新模式可持续发展研究［J］. 国际经济合作，2022（2）.

58. 李梦梦. 天津平行进口汽车实现第一季度"开门红"［N］. 滨城时报，2024-4-10.

59. 李国辉. 支持新型离岸国际贸易发展［N］. 金融时报，2021 - 12 - 27.

60. 李和英. 持续优化发展环境 广州助力跨境电商发展［N］. 中国商报，2021 - 8 - 18.

61. 李佳，闵悦，王晓. 中欧班列开通对城市创新的影响研究：兼论政策困境下中欧班列的创新效应［J］. 世界经济研究，2020（11）.

62. 李佳，闵悦. 中欧班列开通是否促进了区域创新——来自中国 285 个地级市的经验研究［J］. 南开经济研究，2021（5）.

63. 李全意. 基于汽车平行进口渠道开拓的供应链模型研究［D］. 重庆：重庆大学，2018.

64. 李巍，刘俊生，李焘. 平行进口商品风险治理研究［J］. 检验检疫学刊，2017（12）.

65. 李心愿. 中欧班列对城市出口贸易的影响研究——基于异质性创新视角［J］. 中国市场，2023（34）.

66. 李峥，杜国臣. 我国"跨境电商 + 产业带"发展趋势［J］. 服务外包，2024（7）.

67. 李永康. 新时期我国外贸综合服务企业高质量发展问题研究［J］. 中国商论，2022（3）.

68. 李震，赵春明，李宏兵. 贸易新业态与稳就业——来自跨境电商综合试验区的证据［J］. 经济科学，2023（4）.

69. 李治国. 印花税优惠政策激发离岸贸易活力［N］. 经济日报，2024 - 4 - 16.

70. 廖丹. 成都国际铁路港综合保税区保税物流监管优化研究［D］. 成都：西南交通大学，2024.

71. 林冰洁. 基于社会网络分析的全球邮轮航线布局特征及区域差异研究［D］. 上海：华东师范大学，2020.

72. 林慧萍. 打造口岸便利化改革的"南沙模式"［N］. 中国经济导报，2019 - 4 - 23.

73. 林晓慧，刘宝茹. 外贸供应链金融创新模式的探究——以一达通外贸综合服务平台为例［J］. 金融科技时代，2018（12）.

74. 刘嘉伟，孔刘柳．一站式外贸服务模式分析——以一达通为例［J］．电子商务，2017（12）．

75. 刘梦晓．海口：28条举措让跨境贸易更便利［N］．海南日报，2024－7－2．

76. 刘明．如何打开离岸贸易这片"蓝海"？［N］．国际商报，2022－4－20．

77. 刘偶．北京出台措施促进离岸贸易创新发展［N］．首都建设报，2022－7－11．

78. 刘贤锋，蒋莹．解析市场采购贸易方式试点［J］．中国外汇，2023（2）．

79. 刘贤亮，周志丹．一站式外贸综合服务平台服务模式、问题及对策研究［J］．经营与管理，2021（2）．

80. 刘晓庆，宋慧玉．综合保税区保税维修政策简析［J］．中国海关，2021（12）．

81. 刘昕，中国外贸动能新新不息［N］．国际商报，2023－4－14．

82. 刘叶，李秀香．跨境电商发展对流通价值链提升的影响效应研究［J］．商业经济研究，2024（6）．

83. 刘叶琳．培育跨境电商龙头企业按下加速键［N］．国际商报，2024－8－7．

84. 刘叶琳．为离岸贸易发展提供可预期环境［N］．国际商报，2022－1－12．

85. 柳宁馨．广东探索特色服务贸易集聚发展［N］．21世纪经济报道，2022－6－3．

86. 柳时强．南沙抢滩离岸贸易赛道［N］．南方日报，2022－3－4．

87. 楼双双．市场采购贸易信息化监管模式的研究［D］．南昌：南昌大学，2021．

88. 卢尚坤，许源．数字经济背景下中国服务贸易发展策略研究［J］．商业经济，2024（6）．

89. 马斌．中欧班列治理机制及其对"一带一路"建设的示范意义［J］．俄罗斯东欧中亚研究，2023（6）．

90. 马玲. 金融助力外贸企业"乘风破浪"［N］. 金融时报, 2022 - 3 - 1.

91. 马述忠, 潘钢健. 从跨境电子商务到全球数字贸易——新冠肺炎疫情全球大流行下的再审视［J］. 湖北大学学报（哲学社会科学版）, 2020 (9).

92. 马依彤. 中欧班列物流网络节点优化及发展策略研究［D］. 北京: 北京交通大学, 2020.

93. 缪琦. "冻卡潮"后义乌商户学乖了 外贸交易数字化转型加速［N］. 第一财经日报, 2021 - 12 - 2.

94. 倪德慧, 田文. 江苏省数字贸易发展水平和地区差异研究［J］. 中国商论, 2023 (10).

95. 倪如兴. 外贸综合服务企业业务模式与风险控制［J］. 当代会计, 2019 (7).

96. 牛琨. 离岸贸易问题研究［D］. 广州: 暨南大学, 2014.

97. 彭羽, 沈克华. 香港离岸贸易对珠三角地区产业发展的影响研究［J］. 国际经贸探索, 2013 (2).

98. 濮方清, 马述忠. 数字贸易中的消费者: 角色、行为与权益［J］. 上海商学院学报. 2021 (12).

99. 戚军凯. 比较中看中欧班列（成渝）发展［J］. 四川省情, 2022 (3): 14 - 16.

100. 钱泓澎. 数字化改革背景下市场采购贸易方式的迭代升级研究——以义乌小商品数字自贸应用为例［J］. 中国商论, 2023 (8).

101. 强国令, 白瑞. 贸易便利化与沿线城市产业结构升级——基于中欧班列的准自然实验［J］. 价格月刊, 2024 (5).

102. 强国树, 郑易. 一站式外贸服务成市场蓝海［N］. 沧州日报, 2014 - 7 - 20.

103. 邱爱莲, 裴培, 袁峰. 中欧班列运输相关贸易问题研究［J］. 沈阳工业大学学报（社会科学版）, 2021 (5).

104. 上海海关课题组, 蒋原, 姚漪娟. 海关特殊监管区域保税维修业态发展研究［J］. 海关与经贸研究, 2021 (1).

105. 石茂胜，朱文远．市场采购贸易新模式的新实践［J］．小康，2021（11）．

106. 石梦杰．日本汽车平行进口立法及商检制度对我国的启示［J］．经营管理者，2015（28）．

107. 石睿．广州花都国家级市场采购贸易方式试点［J］．广东经济，2017（7）．

108. 孙黎，张弛．跨境电商对中国企业出口产品质量的影响——基于双循环新发展格局的视角［J］．经济问题探索，2023（11）．

109. 孙威．中欧班列跨境电商 B2B 出口专列重庆首发［J］．大陆桥视野，2020（9）：23.

110. 谭明珠，陈琛韫．新型离岸贸易的业务模式与发展建议［J］．银行家，2022（9）．

111. 谭哲，李一平．哔哩哔哩 UP 主经济价值及其发展研究［J］．市场周刊，2022，9（1）．

112. 汤凤林，许肖瑜．我国出口跨境电商的涉税风险及应对［J］．财会月刊，2022（9）．

113. 唐玮婕．加大压力测试力度，为高水平开放"试制度"［N］．文汇报，2023－12－8.

114. 陶辉东．利好政策再加码 跨境电商迎来超国民待遇［N］．经济观察报，2015－5－25.

115. 推进"一带一路"建设工作领导小组办公室、中国国家铁路集团有限公司．中欧班列发展报告（2021）［R］．北京：中国国家铁路集团有限公司，2022.

116. 汪硕．新规提示［J］．中国海关，2020（4）．

117. 汪晓旭．市场采购贸易方式的演进及推广研究［D］．长沙：湖南大学，2019.

118. 王冰洁．欧亚新变局背景下中欧班列发展的 PESTEL 分析及促进策略［J］．对外经贸实务，2024（3）．

119. 王春丽．新业态助力跨境电商逆势增长［J］．海峡通讯，2022（11）．

120. 王丹萍. 商务部发文支持贸易新业态新模式发展［N］. 中国高新技术产业导报, 2022 - 3 - 21.

121. 王德华. 粤港澳大湾区数据跨境治理制度建设与完善的思考［J］. 中国律师, 2024 (7).

122. 王刚, 丁寿滨, 范莹莹, 等. 平行进口汽车详解［J］. 中国海关, 2023 (11).

123. 王刚, 翟乃超, 付国强. 综合保税区全球维修大起底［J］. 中国海关, 2020 (9).

124. 王刚, 张维, 李艳林. 保税展示交易实操指南［J］. 中国海关, 2023 (3).

125. 王刚. 漫谈保税加工、保税物流、保税服务及保税制度［J］. 中国海关, 2022 (2).

126. 王徽. 完善上海自贸区汽车平行进口试点的思考［J］. 海关与经贸研究, 2016 (1).

127. 王惠平, 张云华. 推进海南自由贸易港高质量发展的税收政策体系优化研究［J］. 海南大学学报 (人文社会科学版), 2023 (2).

128. 王慧敏. 完善我国跨境电商海关监管的对策研究［J］. 商业经济, 2021 (4).

129. 王建喜, 战旗. 探索创新业务模式支持平行进口汽车保持全国领先地位［N］. 滨城时报, 2023 - 10 - 26.

130. 王曼. 2022 年广州跨境电商继续领跑全国［N］. 中国贸易报, 2023 - 8 - 8.

131. 王宁. 平行进口汽车行业稳步复苏［N］. 经济参考报, 2022 - 7 - 8.

132. 王嵩. 邮轮旅游对区域经济影响研究［D］. 三亚: 海南热带海洋学院, 2024.

133. 王维薇, 傅宇轩, 商洪义. 数字服务贸易壁垒对服务贸易进口的影响分析［J］. 经济动态与评论, 2023 (1).

134. 王伟. 外贸新业态释放增长新动能［N］. 经济导报, 2023 - 1 - 13.

135. 王晓晨. 推动国际贸易中心能级再上新台阶［J］. 上海人大月刊,

2024（1）.

136. 王雄元，卜落凡．国际出口贸易与企业创新——基于"中欧班列"开通的准自然实验研究［J］．中国工业经济，2019（10）.

137. 王焱霞．粤港澳大湾区首开直达波兰中欧班列［J］．中外玩具制造，2020（7）.

138. 魏宏贵，袁永友，黄颖格．后疫情时代中欧班列与武汉外贸发展探讨［J］．武汉商学院学报，2020（4）.

139. 魏利平．跨境电商平台用户生成内容质量对品牌依恋影响机制研究［D］．北京：中央财经大学，2020.

140. 魏桥．利好政策为提振汽车消费"加油添力"［N］．国际商报，2022－7－6.

141. 文瑞．中欧班列运行效益分析及高质量发展对策［J］．区域经济评论，2019（5）.

142. 吴雨伦．以"数"为媒：广州服务"链"全球［N］．南方日报，2022－9－6.

143. 夏海霞，尤润怡．外贸综合服务平台策略研究——以"一达通"为例［J］．现代商贸工业，2017（11）.

144. 肖倩．加快培育全省外贸综合服务企业［N］．陕西日报，2024－7－1.

145. 肖文舸，陈晓，陈琳，等．7月进出口企稳回升增速转正［N］．南方日报，2023－8－19.

146. 肖旭．产教深度融合培养高水平跨境电商"双师型"教师［J］．中国培训，2019（4）.

147. 谢雨蓉．经济全球化中的国际物流影响因素及中国的应对策略研究［D］．北京：北京交通大学，2020.

148. 胥会云．上海自贸区打造国家制度型开放示范区［J］．宁波经济，2024（1）.

149. 徐婕．自贸区背景下杭州跨境电商物流发展研究［J］．物流科技，2023（16）.

150. 徐明辉，张红烛，蒋一春．我国非中规进口汽车认证制度发展历史及前景建议［J］. 时代汽车，2022（7）.

151. 徐清军. 支持外贸综合服务企业促进外贸转型升级［J］. 中国对外贸易，2013（8）.

152. 徐文婷. 一达通公司商业模式优化研究［D］. 济南：山东大学，2018.

153. 许光建，薛天航，刘培林. 数字化建设与服务贸易——基于中国省级面板数据的研究［J］. 山东大学学报（哲学社会科学版），2024（3）.

154. 许广健，王海洋，王雪柠. 2017 年中国汽车平行进口行业分析及 2018 年预测［J］. 汽车工业研究，2018（5）.

155. 闫林彤. 我国保税物流发展趋势探讨［J］. 综合运输，2023（4）.

156. 杨冰. 外贸综合服务企业业务模式与风险控制［J］. 经贸实践，2017（8）.

157. 杨春蕾，张二震."一带一路"建设经济增长的空间外溢效应研究——以"渝新欧"班列为例［J］. 世界经济与政治论坛，2020（6）.

158. 杨福彬，祝玉坤. 自贸区金融服务创新案例分析——以天津自贸区平行进口汽车金融服务为例［J］. 银行家，2023（3）.

159. 杨广. 广东市场采购贸易新业态发展现状存在问题及对策建议［J］. 广东经济，2019（1）.

160. 杨蕾、韩大六."双循环"背景下西安市数字外贸高质量发展的路径研究［J］. 对外经贸实务，2023（11）.

161. 杨立君，刘锦. 中欧班列（长江号）高质量运行发展研究［J］. 物流技术，2024（5）.

162. 杨柳. 外贸综合服务中的融资与供应链金融服务探讨［J］. 国际商务财会，2016（5）.

163. 姚琳莉. 粤港澳大湾区航空口岸通关便利化模式选择与制度探析［J］. 长江论坛，2023（9）.

164. 姚舜. 中国保税物流体系演化研究［D］. 长春：吉林大学，2018.

165. 叶丽芳. 义乌市场采购贸易模式研究［D］. 杭州：浙江大学，2015.

166. 叶子怡，杨丽. 中欧班列（成都）对四川省进出口贸易影响的实证分析［J］. 中国航务周刊，2023（11）.

167. 余丽颖，王博文，皮泽红．广州南沙"南沙进口汽车保税＋会展项目"重启，首批"国六"平行进口汽车顺利通关［N］．中国经济导报，2021－8－20.

168. 余有勇．我国邮轮旅游产业发展形势研究［J］．中国经贸导刊，2020（4）.

169. 鱼莹．陕西加快培育全省外贸综合服务企业［N］．陕西日报．2024－7－1.

170. 俞永均．支持新能源车消费　加快充电设施建设［N］．宁波日报，2022－1－14.

171. 袁诚，张兆瑞．"滨海模式"：离岸贸易新答案［N］．天津日报，2022－9－1.

172. 袁沙，高月娥．中欧班列发展历程、逻辑、历史经验与对策建议［J］．全球化，2023（6）.

173. 袁晓晖，杨伶俐，过晓颖．平行进口汽车售后服务质量研究——以天津汽车进口商为例［J］．商业经济，2018（4）.

174. 詹金良．从航空保税维修业角度探究加工贸易提升水平［J］．中国海关，2023（9）.

175. 张飞，刘铁奇．数字贸易改革如何赋能外贸打造新优势［J］．开放导报，2024（3）.

176. 张怀水．商务部：跨境电商主体超12万家［N］．每日经济新闻，2024－5－31.

177. 张九阳，薛瑶．综保区保税维修业务流程详解［J］．中国海关，2022（8）.

178. 张洽棠．广州紧抓大湾区建设机遇　打造全方位"南沙样本"［N］．中国经济导报，2019－10－9.

179. 张生玲，张思思，王诺．中国宏观经济形势回顾与前瞻［J］．中国经济报告，2024（1）.

180. 张树民，程爵浩．我国邮轮旅游产业发展对策研究［J］．旅游学刊，2012（6）.

181. 张伟伦．以离岸贸易赋能外贸高质量发展［N］．中国贸易报，

2022 - 6 - 9.

182. 张文敬. 探索广东试行"市场采购贸易"的新方式［J］. 对外经贸实务, 2014（8）.

183. 张玺, 王若璇."两证合一"让进口汽车通关更便利［N］. 工人日报, 2024 - 7 - 9.

184. 张言庆, 马波, 刘涛. 国际邮轮旅游市场特征及中国展望［J］. 旅游论坛, 2010, 3（4）.

185. 张玉梅. 中国邮轮旅行社的行业竞争结构分析——基于波特五力模型视角［J］. 中国水运, 2022（11）.

186. 张钰籴. 再添"国字号"名片"广州服务"闯世界［N］. 南方日报, 2022 - 3 - 25.

187. 张越. 中欧班列对国内开通城市贸易增长和贸易结构的影响研究［D］. 大连: 东北财经大学, 2021.

188. 赵家章, 丁国宁. 中欧班列推动中国对外贸易高质量发展: 理论逻辑、困境及路径［J］. 国际贸易, 2023（7）.

189. 赵瑾. 数字贸易壁垒与数字化转型的政策走势——基于欧洲和OECD 数字贸易限制指数的分析［J］. 国际贸易, 2021（2）.

190. 赵晶涛. XY 公司平行进口车互联网营销策略研究［D］. 西安: 西北大学, 2016.

191. 赵明亮, 刘钦香. 中欧班列开通对中国沿线城市出口贸易的影响及机制检验［J］. 地理学报, 2023（6）.

192. 赵贤钰. 天津海关创新频出赋能区域发展［N］. 滨城时报, 2023 - 1 - 29.

193. 赵义怀. 上海数字经济发展的现实基础、未来思路及举措建议［J］. 科学发展, 2020（4）.

194. 赵玉峰. 新征程上促进我国邮轮旅游产业高质量发展［J］. 中国经贸导刊, 2024（2）.

195. 赵源洲. 市场采购贸易方式对城市经济增长的拉动效应分析［D］. 成都: 西南财经大学, 2023.

196. 郑锦荣. 数字贸易的内涵与外延［J］. 服务外包, 2022（2）.

197. 郑舒桐，杨钰琳，李文辉．"双区"建设背景下广州和深圳的技术创新流动网络演化研究［J］．城市观察，2023（6）．

198. 郑伟民．综合保税区保税维修业务攻略［J］．中国海关，2022（6）．

199. 郑亚健．广州市外贸新业态税收管理优化研究［D］．广州：华南理工大学，2023．

200. 钟德平，周楠．中欧班列沿线国家物流绩效对广东进出口贸易的影响分析［J］．对外经贸，2022（6）．

201. 钟妮，谭金凤，王雪黎．粤港澳大湾区邮轮旅游发展研究［J］．特区经济，2019（8）．

202. 周甫琦．数字经济成为广州经济发展新动能［N］．南方日报，2020－7－29．

203. 周琳．天津发力"一基地三区"建设［N］．经济日报，2023－4－14．

204. 朱曼亭．当前浙江跨境电商合规化发展的机遇、挑战及建议［J］．全国流通经济，2021（34）．

205. 朱睿颖．电商行业大事记［N］．现代物流报，2023－12－25．

206. 朱贤强．跨境电子商务对中国进出口贸易的影响研究［D］．北京：对外经济贸易大学，2020．

207. 祝合良，赵乔．统一大市场建设背景下的数字贸易驱动消费升级研究［J］．商业经济与管理，2022（10）．

208. 祝美红．外贸新常态与外贸新业态研究综述［J］．对外经贸，2017（12）．

209. 庄羽，杨水利．服务贸易创新发展试点对数字全球价值链融入的影响研究［J］．统计与决策，2024（11）．

210. 宗泓亦，唐雯颖，张峻晖．上海临港新片区离岸贸易发展问题研究［J］．现代商业，2023（4）．

211. Asosheh A，S N Romer，H Khodkari. A Model of a Localized Cross-Border E-Commerce［J］. iBusiness，2012，4（2）．

212. Chen，Xiangming. Reconnecting Eurasia：A New Logistics State, the China-Europe Freight Train，and the Resurging Ancient City of Xi'an. Eurasian Geography

and Economics 64. 1 （2023）：60 – 88.

213. Gessner，G H，C R Snodgrass. Designing e-commerce cross-border net-works for small and medium-size enterprises ［J］. Research in Business & Manage-ment，2015 （16）：84 – 94.

214. Jonas E，Svetla M，C. L L，et al. Organizational Influences and Perform-ance Impact of Cross-Border E-Commerce Barriers：The Moderating Role of Home Country Digital Infrastructure and Foreign Market Internet Penetration ［J］. Man-agement International Review，2023，63 （3）：433 – 467.

215. K Ganesh，Ramanath K B，Jason D Li，et al. 中国跨境电商市场研究白皮书 ［EB/OL］. （2020 – 08）2024 – 07 – 15 https：//www. mckinsey. com. cn/wp-content/uploads/2020/08/Cross-Border-Ecommerce-0828. pdf.

216. PK S G，Hester H V，Tibert V，et al. Strategic Orientations and Digital Marketing Tactics in Cross-border e-commerce：Comparing Developed and Emer-ging Markets ［J］. International Small Business Journal：Researching Entrepre-neurship，2021，39 （4）：350 – 371.

217. Pomfret，R. The Eurasian landbridge：Implications of linking East Asia and Europe by rail. Research in Globalization3 （2021）：100046.

218. Wang X，Gu Y，Ge J，et al. Economic Route Selection Under the Inte-grated Operation Mode：Case Study of China Railway Express in Zhengzhou ［J］. International Journal of Shipping and Transport Logistics，2021，13 （3 – 4）.